改訂・全部見せます

小4理科授業

なぜクラス中が
どんどん理科のとりこになるのか

教育出版

まえがき

　本書は，4年生の1年間全ての理科授業を示したものである。

　本書が類書と違っているのは，次の点である。

───────────────────────────────
　本書は，『1年間の授業ライブ』である。
───────────────────────────────

　まず，教師の「発問・指示・説明」が示されている。これによって，そのまま授業を追試することができる。

　さらに，子どもの実物ノートが示されている。子どもにどのような指導をしたのかがわかるはずだ。

　また，授業の写真も豊富である。板書写真や，実験・観察の写真，おもしろ実験の写真まで示されている。

　臨場感あふれる授業を，体感できることと思う。

　理科教育の現状は，暗い。

　理科授業に苦手意識をもっている若い教師は，数多くいる。また，ベテランでも，理科の授業に苦手意識を感じている人は多い。

　さらに，困ったことがある。

───────────────────────────────
　理科研究室出身の教師ですら，理科授業に苦手意識をもっている。
───────────────────────────────

　これは，いったいなぜなのか？

　理由は簡単である。それは，理科の授業について，誰からも教わった経験がないからだ。

　大学では，理科の授業のやり方を教えてくれない。

　なぜなら，理科研究室に所属している大学教師のほとんどが研究者だからである。小学校などの学校現場で理科を教えた経験がないのだから，授業について教えられないのも無理はない。

かくして現在，ほぼ全ての学生が，大学で授業について学ばないまま，現場に出るはめになる。

　そして，次のような状態が生まれている。

> ### 理科嫌いの教師が，理科嫌いの子どもを生み出している。

　本シリーズは，このような現状を打破するために生み出された。

　本シリーズが他の類書と一線を画すのは，「授業論」が示されていることだ。授業を進めるうえでのコツを余すところなく紹介した。

　1 年間の授業を終えた子どもの授業満足度が，90% を超えた実践の数々を示した書である。つまり，本書を使えば，子どもを理科好きにする授業を，明日からでも，実現が可能ということだ。

　本シリーズは，政策研究大学院大学教授の岡本薫氏や国立教育政策研究所の角屋重樹氏をはじめ，多くの方が推薦してくださっている。

　「4 年理科」は，生物学者の福岡伸一氏（青山学院大学教授）より推薦のお言葉をいただいた。

　本書が，読者諸兄の「魅力ある理科授業」の実現のために，よい「手段」となることを願っている。一人でも多くの理科好きの子どもが生まれることになれば，これに勝る喜びはない。

　本書が完成したのは，教育出版　玉井久美子氏の御指導のおかげである。企画段階から貴重な御助言をいただき，小学校における全指導を，ここにそろえることができた。記して感謝申し上げます。ありがとうございました。

※改訂にあたり追加した授業は，これまでのさまざまな実践や研究を通して最もよいと思える展開を示したものである。なお本研究の一部は，JSPS 科研費 JP 17K12936 の助成を受けて行った。

2020 年 1 月　大前暁政

目　次

II 天気の様子と気温

III 電気のはたらき

X　ものの温まり方

XI　雨水の行方と地面の様子

0 授業びらきの指導

全部見せます 小4理科授業

0　授業びらきの指導

　授業びらきのポイントは，2つある。

　1つは，楽しい授業をすることである。楽しい授業とは，子どもが知的に満足する授業である。子どもの思考を促し，なるほどと思わせる授業である。

　楽しい授業をすると，子どものやる気を引き出すことができる。

　もう1つは，子どもに1年の学習の目標を意識させることである。学習の目標は，同じ学年でも年によって変わる。子どもの実態が，年によって違うからである。

　本授業では，次のような「目標」を1年の目標として子どもに意識させた。

　　『自分の考えをもち，進んで発表する。』

　授業では，「正解だろうが，不正解だろうが，とにかく自分の考えをもつことが大切なのだ。」「自分の考えを，勇気をもって発表しなさい。それが自分の学びにつながる。」と伝えた。

　子どもの中には，人の意見に流される子もいる。これでは，質の高い意見は生まれない。

　自分の考えをもち，発表することで，ひょっとしたら新しい考えが生まれるかもしれない。一人一人が考えを伝えることで，より質の高い考えにつながるかもしれない。そんなことを授業びらきで話した。

　授業びらきは，楽しい中で，いろいろと予想していく授業がよい。できれば，インパクトもほしい。

　そこで，いきなり実験をしてみせることにした。子どもには，「結果の予想」を考えさせ，発表してもらった。

第 1 時

空気と水の授業

✋ 4 年の理科は 3 年の理科とどう違うか

「3 年生の理科は，観察がたくさんありましたね。4 年生は，実験が多くなります。実験で大切なのは，予想をすること。そして，自分の考えを言うことです。」

> 自分の考えをもって，それを言う練習をします。

「4 年生は，水と空気の勉強をするので，今日の実験も，水と空気に関係した実験です。」

✋ ペットボトルの穴から水は出るか

> 穴のあいたペットボトルがあります。水を入れて，蓋を閉めます。
> 水はどうなるでしょうか。

1cm の正三角形の穴があいたペットボトルを見せた。
そして，予想を選ばせた。
　　ア　水がとび出る。（18 人）
　　イ　水がポタポタ出る。（11 人）
　　ウ　水はまったく出ない。（1 人）
　　エ　その他（1 人）
その他として，次のような意見が出された。
「最初はポタポタ出る。しばらくして，勢いよくとび出てくる。」
　すると，アを選んだ子から，別の考えが出た。
「最初は勢いよくとび出て，だんだん弱くなり，しだいにポタポタ出るようになる。」

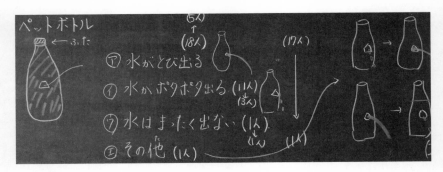

それを聞いて，さらにつけたす子が出てきた。

「最初は勢いよくとび出て，だんだん弱くなり，最後に止まる。」

「うん。それかも。」「それ正しいかも。」などという声があがった。

　最終的に，次のような意見分布になった。

　　　ア　水がとび出る。(5人)

　　　イ　水がポタポタ出る。(3人)

　　　ウ　水はまったく出ない。(1人)

　　　エ　最初はポタポタ出る。しばらくして勢いよく出る。(1人)

　　　オ　最初は勢いよく出て，だんだん弱くなり，最後に止まる。(21人)

✋ 自分の考えを発表させる

> 自分の考えに近いものに○をつけなさい。

全員が○をつけたことを確認し，指示した。

> そう思った理由を書きなさい。

理由が3行ぐらい書けているのを確認し，まずはペアで話し合わせた。

> お隣さんに発表してごらんなさい。

発表し終わってから，全体の場で自由に意見を言わせた。

> 意見を言ってもらいます。言いたい人から前に出て発表しなさい。

「言いたい人」から「前に出て」発表である。

つまり，教師は指名をしていない。

子どもたちは，最初は躊躇（ちゅうちょ）していても，やがて意見を言いたい子からどんどん前に出てきて発表するようになる。

自由発表は，教師が指名をしなくてよいので，時間短縮になる。それに，自分から積極的に発表する姿勢が育つ。

✊ 発表できた子をしっかりとほめる

発表が終わったら，「これで全部ですね。これ以外の理由はありませんね。」と確認した。

そして，発表できた子をしっかりとほめた。

立派だったのは，たった一人でも考えを主張した子がいたことである。「最初ポタポタ出てくるのは，穴の切れめがぎざぎざしているから。最初はポタポタ出て，だんだんと勢いが強くなってドバッと出ると思う。」

この子は特に，しっかりとほめた。

そして，「自分の考えをもち，発表することが大切だ。」と話した。「合っているかどうかは問題ではありません。正解かどうかなんてどうでもいいのです。自分の考えをもつことが大切なのです。自分で理由を考えられた人は，例外なく実力がつきます。発表までできた人は最高です。前に出て発表するのには勇気がいります。しかし，勇気がいる分，得られる経験値は高いのです。レベルアップできます。前に出てこないと，いつまでもレベルアップしません。隣の人に発表するのが経験値10なら，前に出て自分の意見を発表するのは100にあたります。」

このように，前に出て発表することの価値を話さなくてはならない。

15

☝ 多数決で決めてよいか

　最終的に意見を尋ねた。

「どれに賛成ですか。」

「最初は勢いよく出て，だんだん弱くなり，最後に止まる。」という意見が21人で，いちばん多かった。

「では，多数決で，決めてもいいですね。」

「えっ？」と子どもたち。

「いいですか？　多数決で正解を決めて。」

「ダメでしょ……。」「ダメだよ〜。」の声。

「どうやって正解を決めたらいいですか。」

「実験しよう！」と声が返ってきた。

　このやりとりは重要である。つまり，理科では「実験で白黒つける」ことをつかませたのである。

　ここから，実験を教師がやってみせた。

　水槽の中に，ペットボトルを入れる。そして水中で蓋をする。

　そのまま，上に上げる。

「ん……？」

「え……！？」

「出てない？？」

「いや……，ちょっとは出てる？」

「いや，出てない！」

「うそ〜！？」

「なんでなんで？？？」

　ペットボトルでやると，本当に不思議に感じる。なぜなら，透明のペットボトルの穴に，水の壁ができているからだ。

　勉強の得意な子もまちがっていた。その子は言った。

「すごい不思議。これってすごいことだよ。なんでなんで！」

　興味津々であった。

　正解者は，たったの1人。31人中，1人であった。

🖐 生活場面につなげて解説する

「小さな穴だと，水は出ません。ペットボトルの中に空気が入らないからです。空気が入った分，水が出てくるのです。水を出すには，穴がもう一つ必要なのです。」

ここで，ペットボトルの蓋を取ってみせた。

すると，水が勢いよく噴射した。

水が出たあとは，子どもの予想した通り，だんだんと勢いは弱まり，最終的に水が止まった。

「このように，空気が出入りできる穴がちゃんとあいていれば，水は出てきます。」

そして，しょうゆさしを見せた。

しょうゆさしには，穴が２つある。

１つを押さえると，中の水は出てこられないのである。

子どもたちはこのあと，休み時間になっても，本当に水が出ていないのかを何度も何度も確かめていた。

家のペットボトルで確かめてみようと意気ごんでいる子が多かった。

参考文献

『楽しい科学の授業シリーズ　授業書　物性・科学編１　空気と水』　仮説実験授業研究会編　ほるぷ出版　1982

I

季節と生物①
あたたかい季節

I　季節と生物（1）　あたたかい季節

　小学校学習指導要領解説理科編（2017）には，各学年で重点的に育てたい「問題解決の力」が示されている。

　4年生で育てたい「問題解決の力」は，「既習の内容や生活経験を基に，根拠のある予想や仮説を発想する」力である。さらに解説には，次のように記載されている。

　「この力を育成するためには，自然の事物・現象同士を関係付けたり，自然の事物・現象と既習の内容や生活経験と関係付けたりすることが大切である。」（p.17）

　「問題解決の力」は，「思考力・判断力・表現力等」に位置づけられる。つまり，問題解決の力を育成するには，学習の「技能」として，「関係付ける」という考え方を使いこなせないといけないのである。そこで単元によっては，4年生の「習得させたい技能」の欄に，「関係付ける」に関する「技能」も示してある。

　本単元は，「春になった証拠」を見つける学習が中心となる。
「春らしいなあと思うものを探してごらん。」

　まとめには，「○○になったから，○○になった。」「○○になったのは，○○だからだ。」のように書かせる。
「春になったから，暖かくなった。」
「暖かくなってきたから，虫が増えてきた。」
「チョウが飛んでいたのは，花がたくさん咲いていたからだ。」

　変化とその要因を関係付けるように，まとめさせるのである。

　なんらかの変化が起きたとき，それを，季節や気温，時間などの働きと関係付けて考えることができるようにしていきたい。関係付けて考えさせることが，4年生の問題解決の力を育てていくのである。

習得させたい知識

1　動物の活動は，季節によって違いがあること。

2　植物の成長は，季節によって違いがあること。

習得させたい技能

1　変化に対する要因を，根拠をもって考えることができる。

2　温度計を正しく使うことができる。

単元実施計画

時　間	学習内容と指導方法の重点【習得・活用・探究】
第1時	【習得】フィールドビンゴで春探し
第2〜3時	【習得】サクラを観察する
第4時	【習得】ヘチマの種を観察する
第5〜6時	【習得】植物を観察する
第7時	【活用】花が散ったあとのサクラを観察する
第8時	【習得】動物と虫を観察する
第9時	【習得】動物と虫の名前を調べる
第10時	【習得】ヘチマとヒョウタンの成長の様子を調べる
第11〜12時	【習得】ヘチマとヒョウタンの植え替えをする
第13〜14時	【習得】ヘチマとヒョウタンの成長をまとめる

フィールドビンゴで春探し

❀ フィールドビンゴ

　ネイチャーゲームの中に,「フィールドビンゴ」と呼ばれるゲームがある。その名のとおり,自然の中でさまざまな物を見つけ,ビンゴを狙うというゲームである。

　このゲームのよいところは,あらかじめ自然観察の視点を与えることで,自然を詳しく観察できる点である。自然の中に入っても,漠然と眺めるだけで終わる子もいる。しかし,見る視点を用意しておくことで,目線が低くなる。よく観察できる。

　例えば,「クモの巣」,「鳥の声」,「やわらかい葉」などは,ふだんは意識にない。「クモの巣を見つけよう」と教師が言うと,初めて子どもにはクモの巣が見えてくる。意識していないものは,意外と見えないものなのである。

　ビンゴは,学年によってマスの数を変えるとよい。

　3年生は4×4の16マス。4年生は5×5の25マスで行う。

　マスには,次のようなものを入れる。

　　つるつるするもの, たまご, 鳥の声, いいにおい, 鳥の羽,
　　やわらかい葉, サクラ, 木の実, ハチ, 黄色い花, 赤い花,
　　ちくちくするもの, 黒い石, アリ, 魚, ダンゴムシ, まつぼっくり,
　　チョウ, クモの巣, きのこ, 自分より小さな木, 動物, 幼虫,
　　何かのすみか（ヘビやモグラ, トカゲなど）, 四つ葉のクローバー,
　　けむし, 白い花, 木の芽, 花のつぼみ

　学生の頃,ネイチャーゲームの指導員の資格をとった。それ以来,春の観察ではよく使っている。

　25マスもあると,かなり注意深く自然を観察するようになる。「冬から春になった」という変化に気付かせたい。

22

✿ 観察のポイント

観察のポイントは次である。

『場所を限定する』

場所が限定されるから，細かく自然を見ていかなくてはならなくなる。地面や石の下などを注意深く観察するようになる。

「校舎の周りだけ」とか，「中庭だけ」のように，範囲を限定するのがよい。

✿ 春になると何が変わったかをまとめさせる

ちなみに，ビンゴカードのまん中はあけておく。ここには，教師が観察させておきたいと思うものを書かせる。本時で書かせるのは，「春らしいなと思うもの」である。

観察後に，「春らしいなと思うもの」を尋ねる。

「暖かくなったこと。」「花がたくさん咲いていたこと。」などが出される。

これはつまり，「春になったから，暖かくなった。」「春になったから，花がたくさん咲いていた。」という因果関係を問うための欄である。

まとめには，次のように書かせる。

「○○になったから，○○になった。」

「○○になったのは，○○だからだ。」

発表させて，「春になると何が変化したのか」に気付かせたい。

第2〜3時

サクラを観察する

✿ 観察前に，観察の視点をもたせる

この授業の前に，サクラの花見をしておくとよい。学級写真などを撮る時に，子どもたちとサクラを見ておく。

　サクラを見るという経験を
させたうえで，子どもに尋ね
る。

「花は何色ですか？」

「簡単だよ。ピンクでしょ。」

「花びらは何枚ですか？」

「えっ？　どうだったっけ？
1枚？」

「花びらの形はどんな形ですか？　絵で描きなさい。」

「ええっ？」

「花はどう枝についていますか？」

「これもよくわからないなあ。」

「葉はどこから出ていますか？」

「枝からかな？」

「では，実際に確かめましょう。」

「やった〜！」

　子どもとやりとりする中で，サクラに興味をもたせていく。

　子どもたちはサクラを，見ているようで意外と見ていない。このこ
とは，なんらかの視点をもって観察しないと，見たことも知識として
定着しないことを意味している。

　そこで，観察の前に「観察の視点」を与えておくようにする。そう
しないと，漠然と全体を見て終わることになるからだ。

✿観察記録の取り方を教える

「1年間，サクラの観察を続けます。そこで，春の観察記録を書いてお
きます。」

　観察のフォーマットを板書した。

　「日時」,「気温」,「全体のスケッチ」,「部分のスケッチ」,「気付いた
こと」を書かせる。大切なのは，「気温」を書かせることだ。温度が要
因となってサクラが変化していくことに気付かせるためである。

「気温」の説明もしておいた。

「空気の温度のことを何というか知っていますか。」

「気温です。」

　念のために，次の点を尋ねた。

　　　○運動場の土の中，これは何の温度？　　→土の温度

　　　○池の水の中の温度，これは何の温度？　→水の温度

　　　○気温とは何の温度ですか？　　　　　　→空気の温度

　　　○もし，太陽の光が温度計に当たったら？　→太陽の光の温度

「日光が直接温度計に当たらないよう注意しなさい。風通しのよいところで測ります。建物の近くでは測りません。」

　温度計は，1人に1つ持たせた。

　細かいことだが，温度計は1人に1つが基本である。全員が温度計の読み方に習熟していくためである。

✿ スケッチの仕方を教える

　スケッチの仕方も教えた。

　「木の観察」は難しい。細かく書かせていると，時間がかかりすぎる。その結果，観察がおろそかになってしまう。

　そこで「特徴をとらえて書く」ことを優先する。

　次のように言った。

「全体をおおざっぱでよいので描きます。花が多いのか，葉が多いのか，特徴がわかるように描きます。それから，どこか一部分を拡大してスケッチします。」

25

🌸 次の観察のための布石を打つ

　今後1年間，このサクラを観察していく。次回の観察は夏である。

　春から夏にかけて，サクラの先端がどんどん伸びていく。このこと
に気付かせたい。

「サクラの枝のいちばん先には何がありますか。花かな？　葉かな？
枝かな？　何がついているかな？」

　枝の先端には，花のつぼみはついていない。かわりに，葉のような
ものがついている。

「あれ？　花はついていない。」

「緑色の葉のようなものがある！」

　いつも見ているサクラの木でも，よく見ると発見がある。素通りし
てしまっていることに気付かせると，授業は知的になる。

　枝の先端に，リボンをつけた。

　葉のようなものがついている枝の先端が，この後どのように成長す
るかを確かめるためである。

「今年1年，同じサクラの木を観察していこうね。」
と言い，授業を終えた。

　時間があれば，サクラにはいろいろ種類があることを教えてもおも
しろい。

ヘチマの種を観察する

✿ 種を全員に配る

「いいものを持ってきました。種です。何の種でしょうか。」

　種だけ見せる。

「ヘチマの種です。4年生ではヘチマを植えます。」

　そしてヘチマの写真を見せた。

「今年は特別にもう1つ植えようと思います。この種です。」

「さっきと全然違うね。」の声。

　ヒョウタンの種だと教えた。「おもしろそう」の声。

「今日は植える前に，種を観察してもらいます。スケッチもしてください。」

　2つの種を全員に1つずつ配った。

　必ず全員に1つ用意する。実物を1人に1つ用意することはとても大切である。子どものやる気が違ってくる。

　そして，ルーペも1人に1つ配った。

「2つの種を比べて気付いたことが書けるといいね。」と助言した。

　また，種の大きさを測定している子がいてほめた。

✿ 種のスケッチの仕方を教える

　種のスケッチは，サクラの木全体のスケッチとは少し違う。

　サクラの木全体のスケッチは，「おおざっぱでよい」としていた。木を正確に描くのはとても難しいからである。

　しかし，種のスケッチは，正確なことが求められる。

「ルーペで拡大したものを描きます。線は1本でゆっくり描きなさい。薄い線をたくさんひいて描きません。鉛筆で色を塗ったり，点をつけてもいいです。」

　教室はシーンとなった。

27

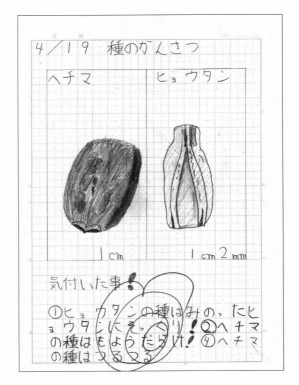

やんちゃな子も集中して正確な絵が描けていた。絵が苦手な子も，種の絵なら描けるのである。たくさんほめてやった。

残った時間に，ポットに土を入れ，ヘチマの種を植えた。

第5〜6時

植物を観察する

❀代表的な野草を覚えさせる

この授業では，植物に興味をもたせるのを第一とした。

まずは，代表的な春の野草の写真を次々と映していった。

「ノートに名前と特徴を書きなさい。」

野草の名前の由来を紹介した。

　　キュウリグサ　葉をすりつぶすと，キュウリのにおいがする。

　　レンゲソウ　花がハスの花（レンゲ）に似ている。

　　ナズナ　実が三味線のばちに似ているため，ペンペングサともいう。

　　ホトケノザ　葉が仏像の台座に似ている。

　　カラスノエンドウ　実が熟すとカラスのように黒くなる。

　　シロツメクサ　ガラスを運ぶ時，割れないようこの草を詰めていた。

　　ヒメオドリコソウ　姫が踊っているようにきれい。

❀植物観察カードを持たせて観察に行く

　ここから，実物を探しに行った。

　いつものように，1人に1つのルーペを配った。

　さらに，写真入りの植物観察カードを配った。これは，写真と植物の名前が書かれたカードで，どの学年でも使えるようにラミネートしてある。

　キュウリグサはどこでも生えている。しかし，よく似ている野草も多いので，注意点を言った。

「花びらは5枚。花びらの色は青。中心が黄色です。」

　とても小さな花である。しかし，ルーペで見るとよくわかる。

　ヒメオドリコソウがなかなか見つからず，発見されたときには歓声があがった。

「すごくきれいだ！」「たしかに，姫が踊っているように見える！」

キュウリグサ

ヒメオドリコソウ

花が散ったあとのサクラを観察する

✿ 違いに気付かせる

花が咲いていた頃と比べさせるために，次の発問をした。

> 4月のサクラとの違いはなんですか。

①花がない。
②葉の色が，黄緑ではなく，緑になっている。
③サクラの木の先っぽが，しなっている。
④全体が少し伸びてきている。

✿ 先端はどうなったか

4月，サクラの先端にリボンをつけていた。
「サクラのどこが伸びたのか観察してごらん。」
リボンのところを確認させる。サクラの先端が伸びているのがわかる。サクラは先端がどんどん伸びていくのである。
残り時間に，サクラの木のスケッチをさせて，授業を終えた。

動物と虫を観察する

✿ 春になるとどんな動物や虫がいるのか

気温が上がり，虫が多くなった頃，動物と虫を探しに行った。
子どもたちは次々と，「こんな生き物がいた」とか，「卵があった」などと報告にくる。そのつど，写真に収めていく。
特に，名前がわからない生き物を見つけたら，必ず写真を撮った。

卵を発見したら，その写真も撮った。

　子どもたちは，見つけた生き物の特徴を絵や言葉でメモしていた。

「赤と黒で，背中が人の顔のようになっている虫がいた。」

「ハチのようなホタルのような虫で，羽は赤かった。」

　途中，サクラの実のような物が落ちていたので，これも持って帰って調べることにした。

第9時

動物と虫の名前を調べる

❀図鑑を活用させる

　撮った写真の中で，生き物だけを拡大して印刷した。

「名前がわからなかった生き物です。名前を調べてごらんなさい。」

　子どもたちは写真と記憶をたよりにして，図鑑で名前を調べた。これはかなり盛り上がった。なんといっても，自分たちが見つけた生き物である。図鑑を片手に，どんどん調べていく。

　ここで図鑑の使い方を教えることができる。

　使い方で教えたいのは，次のことである。

　　　○目次を使って調べる方法

　　　○索引を使って調べる方法

　このような「検索の方法」を教えることが大切だ。

　実際にやってみせ，説明し，やらせてみせて，助言するとよい。

ヘチマとヒョウタンの成長の様子を調べる

❋ ヘチマとヒョウタンの双葉を観察させる

最初に尋ねた。
「ヘチマとヒョウタンから芽が出ていました。見た人?」
「見た! 見た!」の声。
「みんな見ていますね。では,尋ねます。」

> 双葉が出ていましたよね。葉の外側はどうなっていましたか。

「サクラみたい? 丸い? ハート?」
ヘチマの種類によって,いろいろなタイプの葉の形がある。

> 双葉のまん中はどうなっていましたか。何かなかったですか。

「うーん。あったような? 葉みたいなのが……。」

> 茎は何色でしたか。

「緑? 赤?」
種類によっては赤のものもある。

> 葉の模様(葉脈)はどんな模様でしたか。

「これはわからないなあ……。」
見ているようで,案外,子どもは答えられない。
このように,スケッチの前に,質問をしておくようにする。そうしないと,子どもはなかなか詳細を観察できない。

32

　　スケッチの前に，「どこを観察したらよいのか」の視点を与えておく
から，詳細に観察するようになるのである。
　　特徴をとらえたスケッチにするための教育技術である。

❀気付いたことの書き方

　「『気付いたこと』には，次の4つを書きます。色，形，数，大きさです。
例えば，葉は何枚か？　葉の色は？　形は？　全体の大きさは？　こ
んなことを『気付いたこと』に書けるといいですね。ヒョウタンとへ
チマを比べてもいいです。」
　　描くときの注意点をもう一度確認した。
「種を描いたときと同じです。1本の線で，ゆっくりと描きなさい。」
　　子どもたちは，集中して描くことができていた。

第11〜12時

ヘチマとヒョウタンの植え替えをする

❀スケッチで記録させておくこと

　ヘチマとヒョウタンが育ってきた頃に，もう一度スケッチを行った。
観察の前に尋ねた。

33

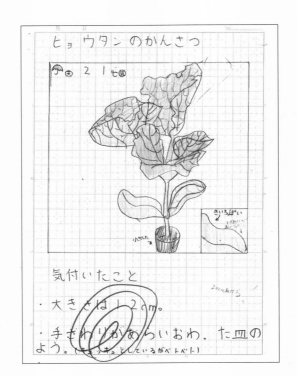

「背の高さはどれぐらいになったかな？　ものさしで測ってごらん。」

「葉の数は何枚ぐらいになった？」

「葉の形は変わったかな？」

「茎にざらざらがあります。触って確かめてごらん。」

✿ 植え替えの理由を示す

　スケッチ後に植え替えをした。

「なぜ, たくさん土のあるところへ植え替えないといけないのですか。」

「肥料がたりなくなるから。」

「そのほうがたくさん成長できるから。」

　ここで, 畑で大きくなっていたヒョウタンを見せた。たまたま去年, 種が落ちていたのである。畑にはたくさん肥料を入れているので, 同じ時期に植えたのに, ヒョウタンの成長がまるで違う。

「ポットを使うと育てやすい。けど，最初から肥料のあるところに種を植えておくと，すごく大きく育つんだなあ。」

　子どもたちは驚いていた。

　観察スケッチが終わった班から植え替えをした。

ヘチマとヒョウタンの成長をまとめる

❀ヘチマの伸びを確認させる

「ヘチマの茎の長さを確認します。最初にスケッチしたときのヘチマの茎はどれぐらいの長さでしたか？」

　スケッチのページを確認させた。

　最初のヘチマの茎は，だいたい 2cm ぐらいであった。

「次に測ったときは，何 cm になっていましたか。」

「5cm。」

「次は，11cm。」

「では，今はどれぐらいになっているでしょうか？　予想してノートに書きなさい。」

　30 〜 50cm と予想した子が多かった。

35

実際に測定しにいった。

すると，なんと80〜120cmにまで伸びていた。子どもたちはびっくりしていた。

最初に，予想させておき，その予想を超えるから感動が生まれる。これが授業の演出である。

❀ 伸びをグラフ化させる

「ヘチマの伸びを，グラフで表します。気温も一緒に書き込みます。」

今までの観察で，ヘチマの茎の伸びと一緒に，気温も測定させておいた。

だが，グラフをつくるときの気温は，観察の日の「平均気温」を使うようにする。

なぜなら，時間によって気温差が大きいし，天気によってもずいぶんと気温は違ってくるからである。

ヘチマの高さは，1週間ごとに測ってもいいし，2週間ごとにしてもいい。冷夏なら，20日おきに長さを測るぐらいでよい。そうしないと，変化がとぼしいからである。

左の縦軸に「茎の伸び」，右の縦軸に「気温」を書かせる。

このような，左右に軸があるグラフを描くのは初めての経験だ。だが，子どもたちは全員が抵抗なく，ノートにグラフを描くことができた。これも，積み重ねの力である。

グラフは，算数でもいちいち，縦軸と横軸からめもりまで全部最初からノートに描かせている。

だから，少しぐらい難しいグラフになっても，余裕をもって描くことができるというわけである。

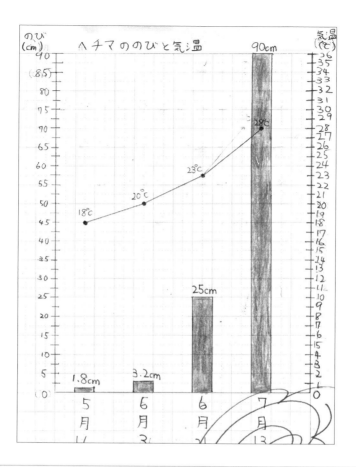

グラフを見て気付いたことを書きなさい。

○ヘチマは，途中まで少しずつしか伸びていないが，しばらくして急に伸び始めている。

○春はあまり伸びないが，夏になると，急に伸び始める。

○気温がぐんと上がると，ヘチマもぐんと伸びる。

II 天気の様子と気温

全部見せます 小4理科授業

Ⅱ　天気の様子と気温

　本単元では，1日の気温を測り，グラフ化する活動を行う。

　温度計は1人に1つ配る。1人に1つあることで，温度計の使い方の習熟が，ずいぶん違ってくるからである。

　また，グラフはノートに書かせる。グラフ用紙を配布することはしない。ノートに一からグラフを書かせることで，グラフの書き方，読み方に習熟させることができるからである。縦軸も横軸も，めもりも，一から子どもに書かせる。

　どれも，ちょっとした工夫である。だが，こういった小さな工夫が，あとになって子どもの伸びを決定的に変える。

　グラフ化のあとで，グラフの読み取りも行う。

　グラフの読み取りをさせる際，次のことを考えさせて，科学的な思考力を鍛えていきたい。

　　①グラフの変化を読み取らせる。

　　　「急に変化したところはどこですか。」

　　　「全体として，どんな変化をしていますか。」

　　②比べさせる。

　　　「雨の日と晴れの日とを比べて，何が違いますか。」

　　③要因を考えさせる。

　　　「急に気温が下がっています。何が原因ですか。」

　特に重要なのが，要因を考えさせる発問である。

　気温の変化と天気を関係付けて考えることができるようにしたい。

習得させたい知識

1　１日の気温の変化は，天気によって違うこと。

習得させたい技能

1　気温を測ることができる。
2　気温の変化を折れ線グラフに表すことができる。
3　気温の変化と天気とを関連付けて考えることができる。

単元実施計画

時　間	学習内容と指導方法の重点【習得・活用・探究】
第１時	【習得】１日の気温の変化を調べる準備をする
第２時	【活用】気温の測り方を確認する
第３時	【習得】１日の気温の変化を調べる
第４時	【習得】気温のグラフを検討する
第５時	【活用】１日の気温の変化を振り返る

1日の気温の変化を調べる準備をする

🧑‍🏫 授業開始!　まずは調べたい気持ちを起こさせる

> 最近みんなは，長袖を着ていますか。半袖を着ていますか。

　だいたい半々に分かれた。
　長袖を着ている人に，理由を言ってもらった。
「朝は，寒いから。」
「昼になって暑くなると，長袖を脱ぐようにしている。」
　次に，半袖を着ている人に，理由を言ってもらった。
「朝はあまり暑くはないけど，昼になって運動をすると暑くなる。だ
から半袖にしている。」

> 寝る時は，長袖ですか。半袖ですか。

　これは長袖が多かった。
「夜は暑いが，朝が寒いから。」という理由であった。

> 1日の気温はどのように変化しているのでしょうか。

　子どもたちは，「確かめたい」と問題意識をもったようだった。

🧑‍🏫「実験ノート」の作り方を教える

　4年生になって初めての実験である。
　今回の実験は，教科書どおりに行う。「気温を調べる」という実験な
ので，そうそう工夫ができるわけでもない。こういった場合は，教科
書どおりに実験を進めたほうがわかりやすい。

まずは，私が教科書を音読した。

そして，実験ノートの作り方を教えた。

次の順にノートに書かせていった。

①課題

②実験方法

③準備物

④結果

⑤考察

他に，「結果の予想」や「気付いたこと」を書かせる場合もあるが，最初なのでシンプルに５つだけを書かせることにした。

教科書には，課題が書いてある。

課題がどこに書かれているのかを教えた。

これで，次に教科書どおりに実験を進める時は，子どもだけで課題を探すことができる。

> 実験ノートの最初には，「課題」を書きます。
> 課題は何ですか。

何人かを指名した。

課題は，「１日の気温はどのように変わるのだろうか」である。

「次に，教科書に実験方法が書いてあります。」

実験方法のところを私が読んだ。

「実験方法の１番はなんでしたか。」

このように，教師が音読しつつ，そのつど確認をしていく。のんべんだらりと過ごす子がいなくなる。

実験方法は，以下の通りである。

○１時間おきに気温を測る。

○その時の天気も書く。

実験方法の下に，注意点も書かせた。

注意点は，次の８つである。

①同じ場所で測ること。

②地面から 1m20cm 以上離すこと。

③日光に当たらないように覆いをして，太陽の方を見て測ること。

④液の高さが変わらなくなったら，まっすぐ見て読むこと。

⑤息がかからないようにすること。

⑥温度計の上のほうを持つこと。

⑦温度計を途中で変えないこと。同じもので測ること。

⑧風通しのよいところで測ること。建物から離れること。

　注意点がかなりある。最初なのですぐには覚えられないし，できない。そこで，教師が運動場に出て教えて回るようにする。

　結果の欄もノートに作らせた。

5月○日	8時 30分（気温　　　℃／天気　　　　）
	9時 30分（気温　　　℃／天気　　　　）
	⋮
	15時 30分（気温　　　℃／天気　　　　）

第2時

気温の測り方を確認する

🎴 朝にあらかじめやっておくこと

　朝，子どもたちに温度計を配った。

> 朝の気温がどれぐらいか，測ります。

　時刻は，8時30分である。

　温度計は必ず全員に配る。

　自分で測るとよいことがある。「朝は空気が冷えている」，「昼になる

と暑く感じる」などに気付くことができるのだ。体感的に，気温の変化を理解できるのである。

🐸 温度計の測り方が正確にできているか確認する

「気温を測ってごらんなさい。」

　ここで，前回の授業で言っておいた8つの注意点が守れているかどうかを，ペアでチェックさせた。

「お隣さんが，気温をきちんと測れているかを見てあげなさい。」

　まちがった使い方をしている子には，私が助言をしてまわった。

　だいたいの子が正しく測れるようになったところで，子どもを集め，典型的なまちがいを紹介した。

「めもりを斜めから見ている人がいました。何がだめですか。」

「温度計の下を持っている人がいました。何がだめですか。」

「温度計と口が近い人がいました。何がだめですか。」

🐸 地面近くで測らせる

　また，気温の測り方の注意点も確認しておいた。

「立ったまま，温度計に太陽の光が当たらないように気温を測ってごらんなさい。」

「次は，地面に近いところで測ってごらんなさい。」

　気温は，少し変化する。

「このように，地面からの位置によって，温度は変わります。気温は空気の温度ですから，地面から1m20cmほどの高さで測るようにします。」

　このように説明すると子どもたちも納得していた。

🐸 百葉箱とは何かを教える

　次に，百葉箱を紹介した。

「気温を測るのにいいものが学校にあります。百葉箱といいます。百葉箱は，地面から1m20cm以上離れたところに温度計を置いています。」

45

　百葉箱のかぎを開けて中を見せた。

「おお～！」と子どもたち。こんなところにこんなものがあったなんてという驚きである。

　中には温度計がつるしてある。

　温度を読むと，子どもたちが測った気温より少し低かった。

「百葉箱は日陰になっていますから，運動場よりは少し気温が下がっています。このように，場所によっても気温が違いますから，測る時は１回めと同じ場所にしなさい。」

　ここで，いくつか発問をしていった。

「建物から離れたところに，百葉箱があります。なぜですか。」

「百葉箱は，白い箱に囲まれています。なぜですか。」

「百葉箱の下に芝生があります。なぜですか。」

「百様箱は，北向きにドアがあります。なぜですか。」

　簡単に，理由を説明した。

第3時

１日の気温の変化を調べる

気温測定のポイント

　気温の測定は，授業時間や休み時間を使って行った。

　「日なたで測る」ことを強調しておいた。午後になっても日陰にならないようなところがよい。

　天気のよい日と天気の悪い日の２つを記録させたい。天気による気温の違いを比べることができるからである。できれば，「晴れの日」，「曇りの日」，「雨の日」の３日分があるとよい。

　記録の欄は，ノート見開き２ページではたりないので，他のページにも作らせた。

気温のグラフを検討する

結果を確認する

「測った気温を確認します。実験ノートの『結果』を見なさい。」

　子どもたちが測った気温を，順に尋ねていった。

　子どもが調べた気温を，時刻順に板書していった。

　これで，温度計の調子が悪くて明らかに気温が違っていた子や，休んでいた子も，ノートに気温をまとめることができた。

グラフにまとめさせる

「ノート見開き2ページを開きなさい。」

　左ページに温度のグラフ，右ページに「気付いたこと」を書かせていく。左のグラフを見ながら，気付いたことを書くことができる。

　グラフは，ノートに書かせる。縦軸と横軸，めもりも子どもに書かせる。時刻ごとの気温の点を書き，その上に天気の記号を書かせた。

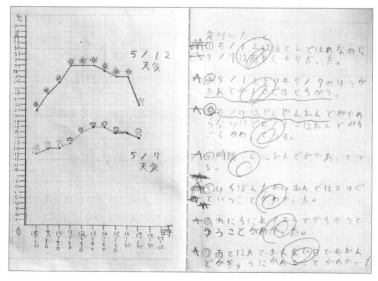

47

「晴れの日」の気温と，「雨ときどき曇りの日」の気温を使って，2つのグラフを作成した。同じ座標に2つの折れ線グラフを書かせたわけである。

ときどき確認しながら書かせていった。

「お隣さんが，めもりをきちんと書けているか確認しなさい。」

「お隣さんのと自分のを比べてごらんなさい。」

人のグラフと比べると，自分のまちがいが見つかるものだ。

こうして，確認をしながら，一つ一つ丁寧に折れ線グラフを書かせた。

算数の苦手な子も，きちんと書くことができた。

■ グラフを検討させる

> 晴れの日のグラフと，天気の悪い日のグラフを見て，気付いたことを書きなさい。

「気付いたことを4つ書けたら4年生レベル，5つなら5年生，6つなら6年生レベル。」と告げた。

気付いたことを書かせる時には，「10個以上書けたら4年生レベル」などと言って，数多く書かせることもある。だが，この場合は，2つのグラフを見ながら，じっくり考えさせたほうがよいと判断した。だから，「気付いたことを4つ書けたらよい」という少なめの設定である。

子どもから，次のような気付きが出された。

　○晴れの日は，気温の変化が大きい。雨の日は，あまり気温が上がらず，グラフがなだらかになっている。

　○晴れの日は気温が高く，雨の日は気温が低い。

　○晴れの日で気温が上がっていたのに，雨が降ってきて急に気温が下がった。

　○日にちがたつと，温度が変わって急に暖かくなってきた。

　○朝は気温が低く，夕方も気温が低い。

　○13時30分ぐらいに，最も気温が高くなっている。

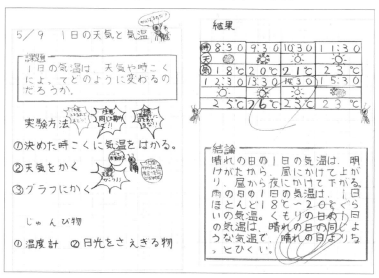さらにもう一歩のつめの発問を行う

気付いたことを発表させたあとで，発問した。

> なぜ，朝と夕方に気温が低くなるのですか。

「太陽が隠れるから。」
「太陽の光があまり強くないから。」

> なぜ，雨が降ると急に気温が下がるのですか。

「太陽が隠れて，光が遮られるから。」
　このように，太陽の光によって気温が決まることに気付かせた。

実験の結論を書かせる

　最後に，実験ノートに，結論を書かせた。
「実験の課題は何でしたか。」
「1日の気温はどのように変わるのだろうか，です。」

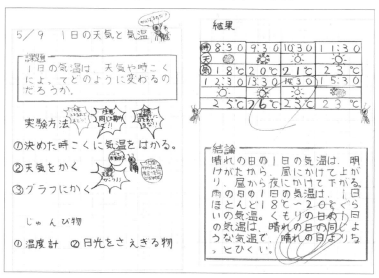

49

> 課題に対する答えを書きなさい。
> この答えを結論と言います。

「答えを自分で考えてごらんなさい。」

　どうしてもわからない子のために，少しだけ書き方を示した。

　　○晴れの日の１日の気温は，○○のようになります。

　　○雨や曇りの日の１日の気温は，○○のようになります。

第５時

１日の気温の変化を振り返る

習得した知識を活用させる

　最後に，活用の問題を解かせた。

　２つのグラフを扱った。

　１つは，「温度が上がっていって，急に下がって，また上がっているグラフ」。

　もう１つは，「温度があまり変わらず，急に上がって，また急に下がっているグラフ」である。

> 天気がどう変化したと考えられますか，ノートに書きなさい。

　子どもの予想を発表させ，どの予想が正しいのかを話し合わせた。このように，単元の最後に活用の問題を出し，どの予想が正しいのか話し合いをさせると盛り上がる。

　１つめは「晴れ→雨→晴れ」のグラフ，２つめは「雨→晴れ→雨」のグラフであることをおさえた。

🌀 論述問題に挑戦させる

さらに論述問題を解かせた。

論述問題は,「口で説明ができないと不合格」としている。

ただし,できない子もいるので,班で相談してもよいことにしている。

班の人数が4人なら,4題出す。そして,班で持ってこさせて,1問ずつ答えを説明してもらう。

なぜ論述問題を解かせるのか?

それは,子どもが本当に内容を理解できているかどうかが,一発でわかるからである。

例えば,次のような問題を出す。

①晴れの日と雨の日の,1日の気温の変化で,違うところを述べなさい。(比べる問題)

②晴れた日に,最初に気温が高くないのはなぜですか。(日光と関係付ける問題)

大切なのは,「関係付ける問題」である。なんらかの変化が起きた「要因」を考える力を鍛えたい。変化と要因を関係付ける能力は,4年生で重点的に育てることになっている。

もちろん,3年生で重点的に教えた「比べる能力」を鍛える問題も出すとよい。

III 電気のはたらき

全部見せます
小4理科授業

Ⅲ　電気のはたらき

　電流は目に見えない。目に見えない電流の性質を理解するのは，子どもにとって極めて難しい。

　4年では，直列つなぎと並列つなぎを学習する。

　学習を終えて，次の問題を出す。

　　『これは並列つなぎか，直列つなぎか。』

　　『Aを流れる電流の量は，乾電池1個の時の電流の量と比べてどうなるか。』

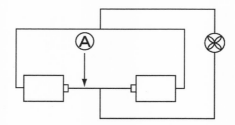

　この問題に答えられない高学年がたくさんいる。学習したはずなのに，ほんのちょっと回路図を変えただけで「わからなくなる」という子が，けっこういる。それだけ本単元は難しいのである。

　電流の性質を理解するためには，電流に対するイメージを豊かにする必要がある。電流に対するイメージを豊かにするには，多くの体験が必要になる。

　そこで，本単元では，体験を蓄積することに重点を置いた。

　ちなみに，3年では，次のことを学習する。

　　○回路ができると，電気が流れること。

　　○電気を通す物と通さない物があること。

　また，「ショート回路」も一部学習する。

習得させたい知識

1　乾電池の数を変えると，電流の大きさが変わること。
2　直列つなぎと並列つなぎで，電流の大きさが変わること。
3　電流には向きがあること。

習得させたい技能

1　簡易検流計を正しく使用することができる。
2　直列回路と並列回路を作ることができる。
3　乾電池，豆電球，モーター，スイッチの電気用図記号を扱うことができる。
4　体験の中で，乾電池の数やつなぎ方によって，電流の大きさや向きが変わることに気付き，仮説を立てることができる。

単元実施計画

時　　間	学習内容と指導方法の重点【習得・活用・探究】
第1時	【習得】電気でモーターを動かす
第2時	【習得】電流には向きがあることを知る
第3時	【習得】検流計で電流の向きを見る
第4～5時	【習得】電気で走る自動車を作って遊ぶ
第6時	【活用】回路の作り方をもう一度確かめる
第7～8時	【探究】もっと速く自動車を走らせるにはどうするか
第9時	【習得】直列回路を知る
第10時	【習得】ショート回路と並列回路を知る
第11時	【探究】並列回路では乾電池が長もちすることを知る

電気でモーターを動かす

■3年生の内容を思い出させる

　教材は，市販のものを購入した。箱の中に，「豆電球」，「ソケット」，「導線」，「乾電池」が入っている。

　それぞれ，実験器具の名前を確認した。

　そして，豆電球だけを出させた。

> 豆電球だけで明かりをつけてごらんなさい。

「無理！」「それはできないよ〜。」の声。

> 豆電球の他に何が必要ですか。

「導線。」「乾電池。」の声。

「導線は，電気を運ぶものだったよね。では，ソケットに豆電球を入れなさい。これで，電気を運べます。明かりをつけてごらん。」

「無理！　無理！」

「乾電池がいるよ。」

「そうですね。乾電池が必要です。乾電池の中には，電気がつまっています。」

> 豆電球，ソケット，乾電池をつないで，明かりをつけてごらん。

　ここまでは，3年生の復習である。

　豆電球の明かりをつける活動は経験済みである。だが，明かりがつくと，子どもたちは喜んでいた。

■ 電気は＋から－へ流れることを教える

> 豆電球の明かりがついたのは，何が流れたからですか。

「電気です。」

電気の流れを絵で示した。

「乾電池の＋から－までの通り道ができたら，電気が流れます。電気は＋から－へと流れます。」

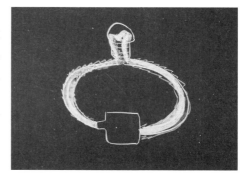

電流を，黄色のチョークで「水の流れ」のように表現した。

電流は目に見えない。目に見えないものを，自分なりの想像で描かせるのは無理がある。モデルを教師が示してしまえばよい。

ちなみに，電流の向きを検流計で調べる実験は，あとで行う。

■ モーターで遊ばせる

> 今日は，豆電球の代わりに，モーターを乾電池につなぎます。
> 乾電池にモーターをつなぐとどうなるか，確かめてごらんなさい。

モーターの先には，プロペラをつけた。このプロペラは，勢いよく回ると，浮いて飛ぶようになっている。

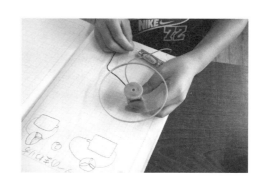

しばらく「飛ぶプロペラ」で遊ばせた。

ちなみに，このプロペラは，反対に回すと飛ばない仕組みになっている。すると，次のような状態が生まれる。ある子は，プロペラが簡単に浮き上がって飛んでいく。でも，ある子は，プロペラが浮き上がらないし，飛んでもいかない。

子どもたちは思う。「どうして？」と。

違いが出てくると，子どもたちは勝手に追究を始める。いろいろと確かめて，原因を探るようになる。

■ 発問をすることで大切なことに気付かせる

プロペラでたっぷり遊ばせたあとで，次のように尋ねた。

> 上から見て，モーターはどちらに回っていましたか。

「えっ？」と首をかしげる子どもたち。「回転の向き」にまで意識がいっていないのである。

「もう一度回して確かめてごらんなさい。」

「右回り」と「左回り」の子に分かれた。

「どっちが正解ですか。もう一度ちゃんと確かめてごらんなさい。」

子どもたちは，「おかしい！」「おかしい！」と連呼。一気に授業に集中してくる子どもたち。

やがて1人の子が気付いた。

「導線を反対につなぐと，回る向きも反対になった。」

この発表を取り上げ，子どもたちに確かめるように指示した。

特別支援を要する子が，私のところへ来て，興奮して言った。

「先生！　本当だ！　本当に，導線を入れ替えると，回る向きも反対になるよ！」

電流には向きがあることを知る

■ 実験結果を絵と言葉でまとめさせる

> ○さんが見つけた「導線を反対につなぐと，回る向きも反対になる」
> ことが本当かどうか確かめてごらんなさい。

　全員が確かめたのを見て，指示した。
「では，上から見て，どういうつなぎ方をしたら，どういう回り方を
するのか，ノートにまとめなさい。」
　モーターの絵と，乾電池の絵，導線の赤と緑を板書した。子どもた
ちは板書を参考にしながら，ノートに結果をまとめた。
　つなぎ方によって回る向きが変わることを，確認できた。

■「電流」という言葉を教える

　ここで，「電流」の話をした。
「導線をつなぎかえると，モーターの回り方も変わります。これは，電気
の流れが変わるからです。電気は＋から－へと流れています。反対につ
なぐと電気の流れが反対になるので，モーターも反対に回るのです。
　電気は，流れるものです。ホースの中を水が流れているようなものです。
導線の中を，電気が流れているのです。電気の流れが逆になると，モー
ターも逆に回ります。電気の流れのことを，省略して何と言いますか。」
　「電流」である。これは知っている子がたくさんいた。
　最後に，気付いたことをノートにまとめさせた。
「ここまでの実験で，わかったことや，疑問を書きなさい。」
「電気の流れは速いのかな？」
「電気は，プラスから出てマイナスへと流れるのだな。」

検流計で電流の向きを見る

🔋 検流計を使ってみせる

「電気の流れのことを何と言いますか。」

「電流」ということを確認した。

「前回，電流の向きによって，モーターの回転の向きが変わることを学習しました。電流の向きを見ることができるいいものがあります。検流計と言います。言ってごらんなさい。」

検流計は，「電流の強さ」もわかることを教えた。

> 検流計をつないで，電流の向きを調べます。

教卓の前に子どもを集める。そして，検流計と，モーター，乾電池をつなげた。一度やってみせると，「どうつなぐか」が一発でわかる。

乾電池だけをつなげると，検流計が壊れることを教えた。

🔋 乾電池を反対にするとどうなるか

> 乾電池を反対にすると，メーターの針はどうなりますか。

「反対になる？」

> では，乾電池と，検流計とモーターをつなげてごらんなさい。

しばらく検流計を使って，いろいろと試させた。

ノートには，「気付いたこと・疑問」を描かせた。

乾電池の向きを変えると，電流の向きも反対になることがわかった。

電気で走る自動車を作って遊ぶ

📘 教材のポイントをおさえる

いよいよ,「電気で走る自動車」を作る。

この活動のポイントの1つめは,最初は「乾電池1個で動かすこと」である。あとから乾電池2個になるのだから,まずは1個で動かして,動きを比べられるようにするのである。

ポイントの2つめは,「モーターと乾電池とスイッチをひとつなぎにすると電気が流れて車が動く」という点をおさえることである。

「ひとつなぎ」のことを「回路」と言う。これは3年で学習済みだ。4年でも,「ひとつなぎになると電気が流れる」ことをおさえるようにする。

車は,市販のものを購入した。乾電池を2個つなぐと,速くなったり,1個の時と変わらなかったりする車である。

まずは,乾電池1個で車を動かす。

乾電池は,学校で実験用としてたくさん購入してある。最初は,この学校の乾電池を使用させる。子どもに配った乾電池を,最初から使うと,並列回路や直列回路の学習の時に,電力が不足するからである。

📗 ペアで協力して作らせる

> 乾電池1個で,車を動かしなさい。ただし,ペアで協力して車を作ります。2人とも完成したら,廊下で遊んでいいです。

たったこれだけの指示である。

逐一,車の作り方の解説書に沿って説明するということはしない。全部教えていると,教師に頼る子になる。できる子にまで全部教えることはない。ときにはつき放して鍛えなくてはならない。

ここで，「ペアで協力させる」のには，理由がある。2人だと，知識を補い合ってうまく車を作ることができるからだ。

　もちろん，うまくできない子には，教師が助言してまわる。

　教師が助言した子は，いちばんに完成する。その子には，「他の子に教えに行きなさい。」と指示する。

　自分の完成品を見せて，「ここはこうだ！」と説明できる。これが，その子にとって少し自信になる。

🔋 子どもの質問に対応する

　車を作らせていると，いろいろなことを子どもたちは尋ねに来る。子どもが質問に来たときに教師がどう答えるかで，子どもの探究心が決まってくる。

　例えば，子どもたちの様子を見ていると，車が後ろに進んでいる子がいる。

「先生。どうして？　後ろに走るよ！　車が壊れているの？」

などと言いにくる。それを聞いてどう答えるだろうか。

「それはね。乾電池を反対にすればいいんだよ。」

と教えてしまってはもったいない。

　すでに，電流の向きにモーターは回るということは学習済みなのである。せっかく学習した知識を活用できる場面である。

　次のように言えばよい。

「モーターを反対に回すにはどうするんだったかな〜？」

　反対に，子どもに尋ねるのである。

　子どもはそう問われて，はっとした表情になって，

「あっ，そうか。導線を逆につなげばいいのか。」

「乾電池を反対にすればいいのか！」

などと言って，さっそくいろいろと試し始める。こういった姿が見られるのが，車作りのよいところである。

　また，こんなことを相談しに来た子もいる。

「先生，まったくモーターが動きません。」

見ると，回路になっていないのである。それで動かないと言っているのだ。

　これも学習済みの知識なのだから，知識を活用できるよう導けばよい。

「乾電池，モーター，スイッチがひと回りになるように，導線をつなげればいいんだったよね。」

　子どもたちは，「あっ，ここが切れてた！」などと言って，また導線をどうつなぐかを考え始めた。

　こんな子もいる。

「回路がちゃんとできているのに，動かない。」

　次のように教える。

「これはね，どこかの導線が切れています。導線と導線を確実につながないとだめだよ。」

■ まちがいを取り上げて，回路について習熟させる

　子どもの失敗がだいたいわかったら，他の子にも紹介してやるといい。

「反対に動いた人がいました。どうすればいいのかな？」

「まったくモーターが動かない人がいました。どこがいけないんだろう？」

　車作りには時間がかかる。それでも，子どもにとっては，実際に回路を作る体験ができるので大変勉強になる。

　上手にできない子は，私が手伝ったので，1時間で作ってあとはたっぷり遊んでいた。

　勉強の得意な子の中で，かなり苦戦した子がいた。

　もちろん，私が逐一全部説明すれば，もっと速く作れただろう。だが，あえて，それはしなかった。

回路の作り方をもう一度確かめる

❶子どもの典型的まちがいを示す

まず，回路の意味を確認した。

回路とは，「＋から−への通り道」のことである。

回路の意味は何度も説明した。モーターを動かす時にも回路を確認している。３年の時にいろいろな回路を作った子は，よくわかっている。

だが，回路を作った経験が少ない子は，臨機応変に回路を作ることが困難である。

そこで，何度も「回路」について確認していく必要がある。

「＋から−までの通り道を作った人は，ちゃんとモーターが動きました。でも，次のようなまちがいがありました。」

こう言って，子どもの典型的なまちがいを示した。

> この回路ではモーターは動きません。なぜですか。

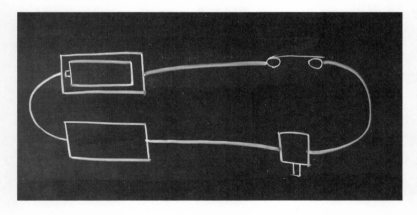

もう１個の乾電池ボックスのところで，途切れているからである。

Ⅲ

電気のはたらき

> では，どのようにしたら，＋から−までの通り道ができますか。

　黒板に書いてもらった。いろいろなやり方がある。

　どうつないでも，とにかく＋から−への道ができたらモーターが動くことを確認した。

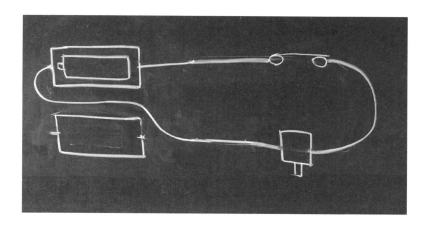

🔲 回路の意味がわかったかどうかを確認する

> 乾電池ボックスが２つあります。
> 今入れているのと反対のほうに乾電池を入れて，モーターを動かせるようにしなさい。

　この指示で，回路を作る経験を積んでいく。

　モーターがいろいろな回路で動くことを確認させた。回路を作ることに慣れた状態になってはじめて，難しい回路にも挑戦できるのである。

もっと速く自動車を走らせるにはどうするか

◼️ 車を速く走らせるための回路を予想させる

> 車をもっと速くする方法はありますか。

「乾電池を2つにすればいい。」という意見が出た。

> 乾電池2個で回路を作ります。どんな回路を作りますか。

乾電池を2個使った回路を考えさせる。

回路図を，ノートに絵で描かせる。それを黒板で確認する。

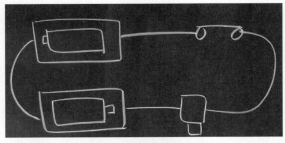

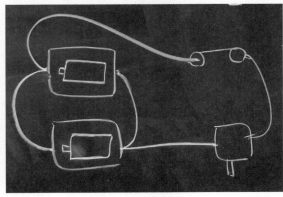

ここでのポイントは，いろいろなつなぎ方を板書しておくことである。

　直列回路は，比較的すぐに出る。
「いい回路だね。他にもあるかな？」
と尋ねていく。

　並列回路やショート回路も出しておくようにする。

◻ どの回路が車を速くするかを考えさせる

　いろいろな回路を出させて，尋ねる。

> この回路全部が，車を速くしますか。

　子どもたちの反応はさまざまである。
「この回路はダメだろう……。」
「いや，たぶん乾電池を２個使っているのだから，全部速くなるよ！」
　口々に考えを言い始める。

　並列回路で意見が分かれた。
「これは乾電池が同じ方向を向いているから，車は走らない。」
「いや，乾電池が２つもあるのだから，ひょっとしたら動くかも……。」
　意見が分かれると，調べたい気持ちがわき起こってくる。

◻ 実験で確かめさせる

> 乾電池を２個使います。
> いろいろな回路を作って車を走らせてごらんなさい。

　この活動は自由に行わせる。さまざまな体験を蓄積するためである。
　子どもが考えた回路には，次の４種類が含まれていた。
　　○乾電池が向かい合って電流が相殺されている回路
　　○ショート回路（一部だけも含む）

○直列回路
○並列回路

スピードが速くなり,「やった！」と叫ぶ子。乾電池を2個使っているのにスピードが変わらないので驚く子。並列回路で車が動き驚く子。さまざまである。ややこしい回路を試している子もいる。

「2つの乾電池の向きが同じなのに,回路になっているぞ。電気の通り道ができているぞ。」

これは,途中がショート回路になっている場合と,並列回路になっている場合とがある。ショート回路になっていたら,子どもに教えてやる。

「乾電池が熱くなってきたら,ショート回路になっています。乾電池がもったいないよ。」

乾電池の向きが反対で,モーターが動かない子も出てくる。

回路の作り方によって,車のスピードが違う。これは子どもにとっては大事件である。「なぜ？　なぜ？」と大騒ぎである。

このように,疑問が生まれると,子どもたちが勝手に追究するようになる。こういった状況を自然と演出するのが,理科では大切になる。

調べたいという気持ちを起こさせて,あとで検流計などを使って詳しく調べていけばよいのである。

活動をたっぷりしたあとで,指示する。

「どのつなぎ方がどういうスピードだったかを,ノートにメモしておきなさい。」

直列回路を知る

◼ 直列回路を教える

「N君が考えた回路が
あります。N君に描い
てもらいます。」

　この回路でやった子
を確認した。

　全員が試していた。

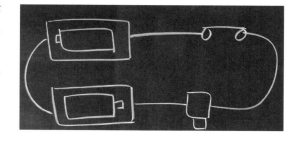

> 乾電池1個と比べて，速くなりましたか。同じぐらいですか。走りま
> せんでしたか。

　結果は，「速くなる」である。

「この回路を，直列回路と言います。」

　絵を板書しただけでなく，板書の上に，導線を使って実際の回路を
作ってみせた。実物を見て初めてピンとくる子もいるからである。

そして，モーターを回した。電気がたくさん送られて，モーターが速く回る。次に，乾電池どうしを近づけた直列回路を板書した。

これら全てが，直列回路である。

「似ているところはどこですか？」

1つ2つでは，なかなかわからない。いくつか描いていると，気付かせることができる。

「乾電池の＋と－が近いところが似ている！」と子どもたち。

📋 直列回路を考えさせる

> 直列回路を自分で描いてごらんなさい。

早く描けた子に，板書してもらった。

「直列回路になっていると思う人？　そうではないと思う人？」

と尋ねながら，答えを言った。

> 「こんなのありかよ！」っていう変な直列回路が描ける人？

導線をぐるぐるにした直列回路を描いている子がいた。

「乾電池の向き」に注目させると，直列回路かどうかがわかることを確認した。

📋 直列回路の電流の量を調べさせる

直列回路と，乾電池1個の回路とで，どれぐらい電流の量が違うのかを調べます。

モーターを使って，検流計で測定させた。

乾電池を2個使ったからといって，乾電池1個に比べて，電流の量が2倍になるわけではない。乾電池1個のときに比べて，電流の量が増えることがわかればよい。

ショート回路と並列回路を知る

■ ショート回路を確認する

　まずは，ショート回路を板
書した。

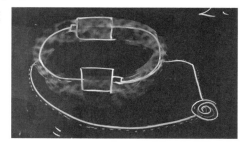

「乾電池1個と比べて速かった人？　同じぐらいだった人？　走らな
かった人？」

「走らなかったよ。」と子どもたち。

　このように説明した。

「これは『ショート回路』です。

　電気は楽なほうに流れます。わざわざモーターを回転させる仕事を
しに電気は流れません。＋から－へ流れる道があれば，分かれ道で楽
そうなほうに行きます。

　モーターのほうには少ししか流れません。乾電池が熱くなります。」

■ 並列回路を教える

　さらに，並列回路を板書し
た。

「乾電池1個と比べて速かっ
た人？　同じぐらいだった
人？　走らなかった人？」

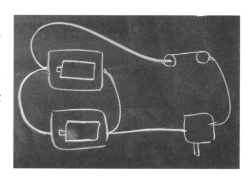

71

「これは，ちゃんと回路になっています。見ていきますよ。」
　それぞれの乾電池から，電流を板書した。
「このように＋から−への道ができていますね。これも回路です。並列回路と言います。」

🔲 並列回路の電流の量を確認する

> 並列回路は，どれぐらい電気が流れているのでしょうか。
> モーターの近くに，検流計を入れてごらんなさい。

　これも，並列回路を板書して，その板書した回路の上に実際の回路を作ってみせた。
　乾電池１個の時とほとんど同じ電流の量だということがわかった。
　少し回路が変わると，まったく別の回路に見える子がいる。自分で回路を作らせる経験をさせることが大切である。みのむしクリップや導線をたくさん用意し，自分で作る経験を積ませたい。

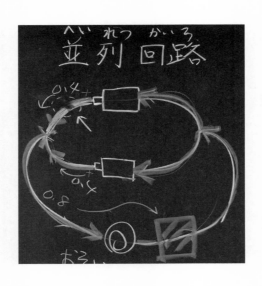

72

並列回路では乾電池が長もちすることを知る

🔋 回路の復習をする

　最初に，直列回路，並列回路，ショート回路，乾電池１個分の回路，動かない回路などいろいろな回路を板書した。

> この回路は，乾電池１個分で動くでしょうか。２個分ぐらい速く動くでしょうか。動かないでしょうか。

　並列回路は，まだよくわかっていない子が多かった。
　そこで，並列回路だけ念入りに教えることにした。

🔋 並列回路を考えさせる

> 並列回路を自分で考えて，ノートに書きなさい。

「できるだけ，みんなが迷う回路ができるといいです。」

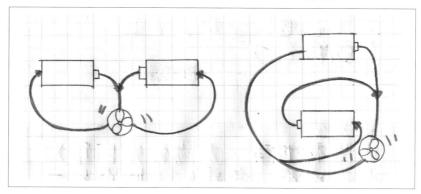

回路を直感的に描ける子と，少し悩んでいる子とさまざまいる。
並列回路を考えた子に，板書してもらった。

73

「これは並列回路になっていますか，なっていませんか。」

　ここで電流の性質をもう一度確認した。

　　○電流は＋から−に流れる。

　　○電流は怠け者。流れやすいほうに流れる。モーターを回す仕事
　　　はしたくない。

　乾電池からどのように電流が流れているかを，チョークで表現して
板書した。水の流れのように電流を表現したのである。乾電池ごとに
電流の色を変えるとわかりやすかった。

　分かれ道で，どっちに進むかを子どもに尋ねた。

　何度も回路を書き，これは電流がどう流れるかを板書しているのを
見ていると，だんだんとわかってきたようである。

■ 並列回路はなぜ乾電池1個分の電流しか流れないのか

　そして，今日のメインの問題を考えさせた。

> 並列回路は，乾電池1個分の電流しか流れていません。
> 並列の，大きな本流に行くまでの間は，乾電池何個分の電気が流れて
> いますか。

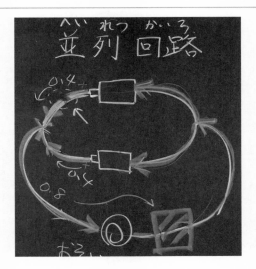

「当然，乾電池１個からは，乾電池１個分の電流が出ているよ。」と
考えた子が半分。

「全体としてモーターに乾電池１個分の電流しか流れていないので，
乾電池からは半分しか電流が出ていないのではないか。」と考えた子が
半分であった。

さっそく測定させた。

結果は，「乾電池１個分の半分の電流しか流れていない」である。と
いうことは，乾電池の減りが少ないことになる。

並列回路では，乾電池から，乾電池１個の半分しか電気が流れない
ことをおさえた。

＜off

　　大切なのは，乾電池の直列回路は「電圧」が変わることである。

　　並列回路は，乾電池が 1.5 Ｖなら，２つでも 1.5 Ｖである。

　　ところが直列回路は，1.5 Ｖの乾電池が２つあると，電圧は３
Ｖになる。

　　「電流」は，「電圧」と「抵抗」によって決まる。乾電池から出る
電流が最初から決まっているのではなく，電圧と抵抗によって，乾
電池から出る電流が決まるのである。

　　だから，抵抗が同じで，電圧が上がれば，当然ながらたくさん電
流が流れる。直列回路はたくさん電流が流れるのである。

　　一方，並列回路は，乾電池２個になっても電圧が変わらない。し
たがって，回路を流れる電流の量は，乾
電池１個分と同じになる。乾電池から
出る電流の量は，乾電池２個なら，２
分の１個分だけ流れることになる。

　　小学校では電圧を学習しない。

　　だから，ペットボトルのモデルで，「縦
にペットボトルをつないだほうが水の勢
いがよい」ということを感覚的に教える
のもいいだろう。

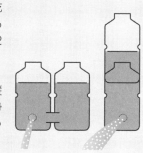

IV

動物のからだのつくりと運動

IV　動物のからだのつくりと運動

　本単元では，関節の働きや骨の役割を学習する。

　映像や写真で学習する内容が多い単元である。できるだけ，実感を伴った理解をさせたい。

　例えば，関節の役割を知るために，ロボット体験を行う。ダンボールを手足につけて，立ち上がったり座ったりといった行動をしてみる。もちろん，関節が曲がらないと，起き上がることはできない。関節の大切さや役割を，身をもって学ぶことができる。

　また，人体模型を見たり触ったりする時間もとりたい。写真と違って模型では，さまざまなことに気付かせることができる。子どもの気付きを学級で共有させれば，多くのことを学ぶことができるはずである。

　本単元は，子どもが不思議に思うことも数多く出てくる。「変わった形の骨の役割は何か」，「他の動物の骨はどうなっているのか」などである。そのため単元の最後に，子どもの疑問を解決する時間を確保してやりたい。

習得させたい知識

1 人の体には，骨と筋肉があること。
2 人は，骨と筋肉の働きによって，体を動かすことができること。
3 体には，曲がるところと曲がらないところがあり，曲がるところを
　関節ということ。

習得させたい技能

1 人と他の動物を比較しながら，動物の体には，骨と筋肉があること
　を調べることができる。
2 運動と，骨・筋肉の動きを，関係付けて考えることができる。
3 骨や筋肉を観察して，絵や図を使って記録できる。
4 図鑑やインターネットから調べたい情報を探し，記録することがで
　きる。

単元実施計画

時　間	学習内容と指導方法の重点【習得・活用・探究】
第1時	【習得】体に骨があることを知る
第2時	【習得】骨の形と役割を知る
第3時	【習得】関節の役割を知る
第4時	【習得】筋肉が全身にあることを知る
第5時	【活用】人体模型で体のつくりと運動の仕方を確認する
第6時	【活用】人と動物の体のつくりを比べる
第7時	【探究】子どもの疑問を解決する

体に骨があることを知る

💪 学習の見通しをもたせる

「今日から人の体のお勉強です。」

> みんなの「腕」は，何からできていますか。

骨，筋肉，血液，皮膚などが出された。

💪 腕の骨を予想させる

「まず，骨から調べてみましょう。腕を触ってごらんなさい。」

> 腕には骨があります。腕の骨はどうなっていますか。
> ノートに絵を描いてごらんなさい。

腕だけに限定して，骨の絵を描かせた。手は複雑なので，省略した。
何か作業をさせる場合は，範囲を「限定」するとよい。
「触ってみるとわかるよね。」と助言。
「曲がるところがあるから，そこは骨が分かれているはずだ。」という
つぶやきも聞こえた。

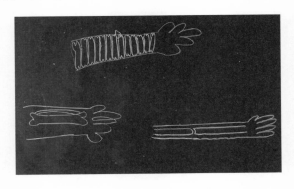

80

描けた子から，板書させた。

「黒板の絵の中でどれが正しいか，お隣どうし話し合ってごらんなさい。」

　話し合いの後，実際の骨の様子を見せた。

曲がるところは骨が分かれていることに気付かせる

「腕を1本の骨で描いている人が結構多かったです。もし，腕に骨が1本しかなかったら，何が困りますか。」

「曲がらないから困る。」

という意見が出た。

「骨1本だと曲がりません。ためしに，腕の途中で骨を曲げようとしてみてください。」

　子どもたちは喜んで，腕の骨を曲げようとした。が，当然曲がらない。

全身の骨格図を予想させる

　次に，体の絵を黒板に描いた。

「体のどこに骨がありますか。ノートに描いてごらんなさい。」

　骨の絵は，一度腕で描いているので，活動の見通しがもてる。

「曲がるところは，骨と骨がつながるところだな。」と子ども。描けた子から友達の絵と見比べ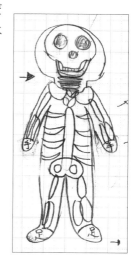させた。

　最後に，答えを教科書の絵で確認させた。

「正しい答えをノートに写しておきなさい。」

骨の形と役割を知る

人体模型を観察させる

授業開始と同時に，骨の人体模型を持って，教室に入った。

子どもたちから，歓声があがった。

> 模型を見て気付いたことを，ノートに箇条書きにしなさい。

かなり興味津々の子どもたち。食い入るように観察していた。

しばらくしてから，観察の時間を制限した。

1人10秒だけ，近くで見ることができる。10秒見て，ノートに気付いたことを書く。書いたあとで10秒は，近くで観察できるというシステム。こうしておくと，列ができない。どの子も模型を近くで観察することができる。

5分後に，全員に気付いたことを発表させた。

①おしりのところにしっぽみたいな骨がある。

②細い骨がかなり多い。

③肋骨は，左に10本，右に10本ある。

82

④背骨は，小さい骨がいくつもつながっていて，その数は 20 を超えている。

⑤頭の骨が円い。

⑥足のかかとの骨がとてもじょうぶにできている。

⑦ちゃんと曲げられるように工夫がしてある。

⑧背骨は，横から見るとSの字に曲がっている。まっすぐではない。

⑨目のところや耳のところに骨がない。鼻も骨がないみたい。

⑩顔に牙のような骨がある。

⑪頭蓋骨にヒビが入っていてくっついている。

　子どもの気付きの中には，「骨の働きについての意見」もあった。これを取り上げて，しっかりとほめた。

🦴 さらに詳しく骨について教える

> 骨の数は，いくつありますか。

　ヒントを出す。

「これが1本だよね。外せるよ。」

　模型は骨が外せるようにできている。

「うわ～！　骨が外れた！」と子どもたち。

　小さい骨を含めると，約 200 個あることを教えた。

> 骨の働きは何ですか。

　予想させて，1つずつ教えていった。

「例えば，背骨です。背骨はたくさんの骨からできています。背骨がつるっとした1本の骨からできていたら，困ったことが起きます。何が困りますか。」

「背中を丸くできない。」と子どもたち。

「次は肋骨です。肋骨は，体の何かを守っています。何を守っている

のですか。」

　心臓や胃などの，内臓である。

「頭の骨はじょうぶです。何を守っているのですか。」

　脳を守っていることを教えた。

骨がないとどうなりますか。

骨がなくなると，困るという意見がたくさん出た。

動けないし，体の大切な部分を守ることができない。

授業の後に，感想を書かせた。

　○骨がなくなったら，あぶないなと思いました。

　○こんなに骨があってびっくりしました。骨はいろいろなものを
　　守っているのだなと思いました。骨がなければ，タコみたいに
　　なっていたと思います。

　○膝には丸い骨があります。いろいろな骨があってすごいと思い
　　ました。大切な部分には強い骨がありました。体にはいろいろ
　　な秘密があるのだなと思いました。骨のことをもっと知りたい
　　です。

第3時

関節の役割を知る

どこに関節があるかを探させる

「体のどこが曲がりますか。」

「手の指，腕，足などが曲がるよ。」と子どもたち。

「体の曲がるところは，骨と骨のつなぎめになっています。ここを関
節と言います。言ってごらんなさい。」

IV

動物のからだのつくりと運動

84

> 人の体のどこに関節がありますか。
> ノートに人間の図を描いて，そこに描き入れなさい。

　人体模型を用意して，見てもよい
ことにした。
　しばらくして指示した。
「では，班で絵を比べて，相談して
ごらんなさい。」
　そして班ごとに，関節の場所を1
つずつ発表させた。
　膝，肘，腰，肩などの他に，手や
顎にも関節がある。

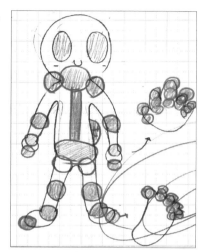

👕 関節の動きの違いに気付かせる

「関節を動かしてごらんなさい。関節の動き方は，どこも同じですか？」
　肘は，後ろには曲がらない。しかし，肩はぐるぐる回る。
「片方にしか曲がらない関節はどこですか。」
　膝，指，肘など。
「肩のように，ぐるぐると動かせる関節はどこにありますか。」
　足首，手首，首，腰，背骨などである。

👕 関節の働きに気付かせる

「肩の関節が1つの方向にしか動かないと，何が困りますか。」
　走れなくなる，運動がしにくい，動きにくい，など。
「関節がまったく動かなくなると，何が困るでしょうか。関節が動か
なくなったロボットの体験をしてみましょう。」
　ダンボールを関節につける。そして，寝転んでから立ってみたり，
歩いてみたりといったことを行う。

転ぶと危ないので，3人ひと組みで行うとよい。

授業後に感想を書かせた。

　○関節がもしも動かなければ，歩けないし，運動もできないと思いました。他の動物の骨はどうなっているのだろうと気になってきました。

　○関節が体にたくさんあるということがわかりました。もし関節がなかったら不便だなと思いました。

第4時

筋肉が全身にあることを知る

✝筋肉のあるところを予想させる

「力こぶをつくってごらんなさい。このこぶを何と言いますか。」

　筋肉と呼ぶことを教えた。

　そして，人間の絵を簡単に板書した。

> 体のどこに筋肉がありますか。
> 筋肉がありそうなところを，赤くぬってごらんなさい。

人の絵をノートに描かせて，そこに色をつけさせる。
「隣の人と見せ合ってごらん。」
　力こぶ，もも，肩，胸を赤くぬっている子が多かった。
　顔に筋肉があるかどうかで子どもたちの意見がくい違った。
「実は全身に筋肉があります。」
　ここで，全身の絵を見せた。
「顔にも筋肉があります。確かめてごらん。歯を食いしばってニコッと笑うとわかりますよ。どこが硬くなりますか。」

運動でどこの筋肉を使うのか

> みんなが運動するとき，どこの筋肉が硬くなっているかを調べます。

　次の順で確かめさせた。
　　①腹筋をする時
　　②腕相撲をする時
　　③何かを手で持ち上げる時
　　④肩を上げる時
　　⑤つま先立ちをする時
　　⑥「空気椅子」をする時
「班の友達の筋肉を触ってごらんなさい。硬くなっているところが，使っている筋肉です。運動によって，使う筋肉が違っていますね。筋肉を使っていると，鍛えられます。強くなります。でも，筋肉を使いすぎると，筋肉痛になります。」

人体模型で体のつくりと運動の仕方を確認する

関節をつくらせる

「コップで水を飲むときに，体のどこを動かしていますか。」

肩，手，腕，腕の関節など。

「水を飲むことのできる手を作ります。鉛筆とセロハンテープで作ってごらん。鉛筆が骨です。鉛筆と鉛筆のつなぎ目が，関節です。」

簡単に手の模型を作らせた。

「骨を動かすためには，あと何が必要ですか？」

「筋肉」という答えが返ってきた。

筋肉がないと，腕は動かないことを確認した。

筋肉がついた模型で運動の様子を確認させる

ここで模型を見せた。骨にゴム風船がついている模型である。

空気を送って，ゴム風船を膨らませる。すると腕が動く。

筋肉が膨らんで硬くなると，骨も動くことを説明した。そして，子どもにも模型を使って確かめさせた。

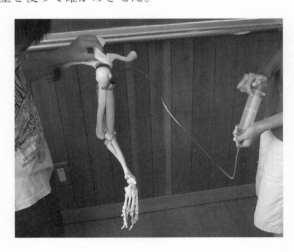

IV 動物のからだのつくりと運動

88

🏋 運動によって筋肉の伸び縮みがあることに気付かせる

「では，自分の腕で水を飲む動きをやってみましょう。腕を触ってみて，筋肉の軟らかいところと硬いところを探しなさい。腕を伸ばした時と，曲げた時で，筋肉の硬さはどう違いますか。」

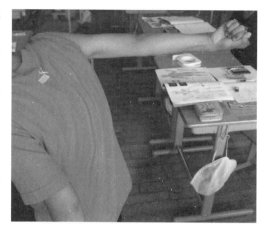

　伸ばした時と曲げた時で，筋肉が縮んだり，緩んだりしている。ただし，腕を伸ばす方向によって，筋肉の硬さは変わるので注意が必要である。後ろに腕を伸ばした時には，腕の下の筋肉が硬くなる。

　腕を確認させたあとで，足の筋肉の変化も確認させた。

「足を伸ばした時と，曲げた時で，筋肉の硬さはどう違いますか。」

🏋 動画で最終確認をさせる

　最後に，「体のつくりと運動の関係」を紹介した動画を見せた。

「大切だなと思った情報はメモをとります。特に数字が出てきたら，メモをしておきましょう。」

　手の関節は 14 か所，などの数字を子どもたちはメモしていた。

　鉛筆で関節を作ってみて，その後ビデオを見ると，「ああ，こういうふうに骨と骨がついているのだ。」ということが実感としてわかる。

　先に，体験があるから，動画を見て実感として理解できるのである。これが，あらかじめ体験をさせておくことがとても大切な理由である。

　いきなり映像だとわからないという子もいるし，わかっても印象的な知識にならない。

人と動物の体のつくりを比べる

🧍魚と人を比べさせる

にぼしを用意する。

「今日は，人と動物の体を比べます。魚の骨は，どのようになっているでしょうか。」

> にぼしを解剖してみましょう。

にぼしなので，解剖といっても抵抗はほとんどない。生魚の解剖は大変だが，にぼしだと簡単に行うことができる。

「人間と違うところはどこですか。人間と同じところはどこですか。」

違うところ

・手と足の骨がない。

同じところ

・内臓を守る骨がある。

・背骨がある。

・骨と筋肉が近い。

「筋肉はどこにありますか。」

「えー？」「どれー？」という声。

「今みんながピンセットで取った肉が，筋肉なのです。みんなは，魚や牛などの肉を食べます。あれは筋肉を食べているのです。」

👕 他の動物と人を比べさせる

人と他の動物を比べて，気付いたことを書かせる。

「馬の全身の骨です。人間と一緒なのはどこかな。違うのはどこかな。」

動画で確認した。大切な情報はメモをとらせた。動画だからわかることがある。筋肉の動きや関節の動きをCGで確認することができた。

残った時間で，ウサギやハト，チンパンジーなどの動物の骨と筋肉を簡単に確認した。

次の時間に，興味のある動物の骨や筋肉などの体のつくりを，インターネットや図鑑で調べる時間をとる。

子どもの疑問を解決する時間をとると，より理解が深まっていく。

動物のからだのつくりと運動

参考文献

『本質がわかる・やりたくなる　理科の授業　４年』高橋洋著　子どもの未来社 2011

『「見えないきまりや法則」を「見える化」する理科授業』日置光久・村山哲哉・全小理石川大会実行委員会編著　明治図書　2010

V 月と星

V

全部見せます 小4理科授業

V　月と星

　4年では，「月や星が太陽と同じような動きをする」ことを教える。

　6年では「月の形がなぜ変わるのか」を調べる学習を行う。

　したがって，4年の段階では，あまり複雑なことを追究させるのは避けたい。

　例えば，4年生に次のように問うと，ややこしくなる。

「月の形は，なぜ変わるのだろうか？」

　6年で「月の形がなぜ変わるか」を調べるのだから，4年ではそこまで突っ込むことは避ける。4年では，「観察した結果，いろいろな形の月があった」ぐらいで終わればよい。あまり難しいことを4年生で教えるから，「知識の詰め込み」になる。混乱する子が出てくる。

　他にも，次のように問う実践がある。「月の形によって，動き方は変わるだろうか？」そして，月の形が違う日を選んで，動きを観察するのである。これも，子どもにとってややこしくなるので，注意が必要となる。もっとシンプルに教えればよい。上弦の月の日に，1日の月の動きを観察すれば，月の動き方はよくわかる。いちいち月の形の違う日に，月の動き方を調べる必要はない。

　教師は授業をシンプルに展開していくべきだ。あれこれと教えたいことはあるが，大切なもの以外は捨てるのである。

　あれこれ教える授業は，理科の「専門家」の実践に多い。

　むしろ，理科の「素人」の教師のほうが，シンプルに授業ができているように思う。最も大切なのは，知識の詰め込みではなく，月や星に興味をもたせることだ。プラネタリウムのほうが理科の授業より何倍もおもしろかった，というのでは困る。

習得させたい知識

1　月は，日によって形が変わって見えること。
2　月は，1日の時刻によって位置が変わること。
3　明るさや色の違う星があること。
4　星の集まりは，並び方は変わらないが，位置が1日の時刻によって変わること。

習得させたい技能

1　星座盤を使って星の観察をすることができる。
2　月や星の動きを観察し，ノートに記録することができる。
3　月や星の動きと時間との関係を考えることができる。

単元実施計画

時　　間	学習内容と指導方法の重点【習得・活用・探究】
第1時	【習得】星座を調べる
第2時	【習得】夏の星を観察する
第3時	【習得】月は動くか
第4時	【習得】月はどのように動くか
第5時	【習得】月の動きの観察結果をまとめる
第6時	【活用】星はどのように動くか
第7～8時	【習得】星の動き方をまとめる
第9時	【活用】冬の星を観察する
第10時	【習得】冬の星の動き方を知る

星座を調べる

🌙 星空を見て気付いたことを発表させる

夏の夜空の写真をスクリーンに映す。

天の川が映った写真である。

> 夏の星です。気付いたことをノートに箇条書きにしなさい。

「星の色が違う。赤や青がある。」

「星の大きさが違う。」

「星の明るさが違う。」

　天の川がどれかを教えた。たくさんの星が集まって雲のようになっているところである。

🌙 星座を教える

> 昔の人は，星をつなげて形をつくりました。何に見えますか。

　はくちょう座，やぎ座，さそり座など，動物の星座を紹介する。

　ここで，星をつなげて形にしたものを「星座」と呼ぶことを教えた。

　さらに，代表的な星座を紹介した。はくちょう座，カシオペヤ座，北斗七星などである。夏の大三角も教えた。

　代表的な星座をしっかり教えておくことが大切である。教えられた星座を実際に夜空で発見した時に，感動があるのだ。

🌙 星座をつくらせる

> みんなだったら，どんな星座をつくりますか。

夏の星の写真を配って，星座を作らせる。

「今晩空を見て，好きな星座や自分の作った星座を探してみましょう。」

☽ 星座盤の使い方を教える

星座盤の使い方を教えた。

使い方をノートに書かせたあとで，試験を行った。

「〇月〇日，午後〇時の南の空を見てごらんなさい。」

観察の仕方が合っているかどうかを確認した。

星座盤の使い方で注意することがある。それは，「見る方位の文字を下にすること」である。これを忘れやすい。

☽ 星のクイズに挑戦させる

時間があったので，星のクイズに挑戦させた。インターネットの子ども向け学習サイトである。「星座の数」，「星の色と温度の関係」，「珍しい星座」などのクイズに，子どもたちは楽しく挑戦した。

第2時

夏の星を観察する

☽ 宿泊研修で観察会を行う

夏の「山の学校」で，星の観察会を行った。

ナイトハイクを終え，真っ暗な山中で星の観察を行った。街から離れた場所での観察である。星がよく見える。

「星がたくさん見えますね。何か気付いたことはありますか。」

「星によって明るさや大きさが違う」，「星の色が違う」などの意見が出た。子どもから気付きが出るたび，全員に確認させた。

「星の明るさは，星によって同じですか。違いますか。」

「星の色は，同じですか。違いますか。」

☽ 星座を探させる

見えている星座の説明も行った。

北斗七星と夏の大三角がよく見えたので，探させた。

星座盤のスケールと実際の星のスケールは，当然ながら違う。勉強の苦手な子は，ここで混乱することが多い。「星と星がこんなに離れているなんて。」などとつぶやいている。

そこで，観察前に，夏の星座にはどのようなものが，どの方角にあるのか，説明をしておくことが大切だ。夏の有名な星座を教えておかないと，夜空を見ても探せないからだ。

第3時
月は動くか

☽ 月について知っていることを発表させる

2学期になって授業を行った。

月の観察は，上弦の月の日がよい。昼間でも見えるからである。授業の中で観察できる。

もし上弦の日に観察日が合わないなら，下弦の月でもよい。下弦の月は，朝なら見える。1時間めの授業なら，月の観察が可能である。

> 月について知っていることを言いなさい。

①月にはいろいろな形がある。

②30日で元の形に戻る。

③夜見える。

④模様がうさぎに見える。

指名なしで，次々と発表させる。

🌙 昼間の月を観察させる

> 月はいつ見えますか。

「夜」という意見と，「昼間も見える」という意見に分かれた。
「月は昼間に見えますか。」
　見えると答えた子が半分ほどいた。
「月を探してきなさい。」と指示。
　運動場に飛び出す子どもたち。「あった！　あった！」と，大喜びしていた。
「今見た月の形を，ノートに書いてごらんなさい。」
　なんと，ほとんどの子が，月の形を意識できていなかった。
　そこで，どんな月の形だったのかをまず，記憶に基づいてノートに書くように言った。そして，この後もう一度見に行くことを伝えた。

🌙 月はこのあとどうなるか

> 月は動きますか。

「わからない」と答えた子が多かった。動くかどうか，あまり意識していなかったようだ。
「動くかどうか観察するには，どうしたらよいですか。」
　このような，方法を問う発問が大切である。自分で問題を解決していく姿勢を養うことにつながる。
　子どもから次の意見が出た。
「しばらく時間をおいて，さっきと同じ場所から見る。」
「目印を決めておいて，月が動くかどうかを見る。」
　観察の注意点を言った。次の2つである。
　　①日時・方角・目印・月の形を書くこと
　　②同じ場所で観察すること

「動くかどうか，5分ぐらい観察しにいきます。」

　ずっと見ていると，少し動いているようにも見える。

　しばらく時間をおいて，休み時間になったらもう一度観察するよう指示した。

☽ 月の動き方を予想させる

「これから月はどう動くでしょうか。予想してもらいます。」

　ここで，太陽の動きを思い出させた。

　太陽は，東からのぼって，南に上がり，西に沈む。

「月は太陽と一緒のように動きますか。それとも違いますか。」

　月と太陽が追いかけっこして同じ速さで動いているという仮説が出された。

　しかし，すぐ反対意見が出た。

「それなら，夜も月の近くに太陽があることになり，おかしい。夜に見た月の近くには太陽はなかった。」

　次に，「月と太陽は，追いかけっこではなく，まったく反対に動いているのではないか？」という仮説も出た。

　子どもたちは，月が1日にどう動いていくのかに興味をもったようだ。

　しばらくしてから見ると，明らかに月の位置が変わっているのがわかった。

第4時

月はどのように動くか

☽ 月の動きは太陽の動きと同じなのか

　月が動いていることは，観察できた。

　問題は，月の動きにきまりがあるのかどうかである。

「月は，もっと長い時間がたつと，どう動きますか。」

　いろいろと予想させた。

「太陽と同じ。」という子。

「太陽と月が重なることがあるから，スピードは違うけど，太陽と同じように動く。」という子がいた。

🌙 上弦の月の観察

さっそくノートに観察のスペースをつくらせ，観察することにした。

ポイントは，「上弦の月」の日に，授業をすることである。

「上弦の月」は，昼に東の空からのぼる。そこで，午後の授業で月の観察の練習をするとよい。まず学校で，「月が，東の空から南の空へのぼっていること」を，おさえておくのである。

そして家で，夕方から夜にかけて観察させる。午後5時ぐらいから8時ぐらいの間で，1時間ごとに観察できれば，よく動きがわかる。

観察の注意点を確認した。

　　①日時・方角・目印・月の形を書くこと

　　②同じ場所で観察すること

第5時

月の動きの観察結果をまとめる

🌙 観察結果の発表

「観察記録を班で比べてごらんなさい。」

班で観察ノートを見合わせた。

「大切なのは，方角です。月がどこからどこへ移動したかがわかればよいのです。」

見合わせた後で，観察結果を板書させた。

観察時間は，午後4時から9時までである。

また，私が深夜に月を見たときの観察結果も提示した。月が南から西へ沈む様子を板書した。

101

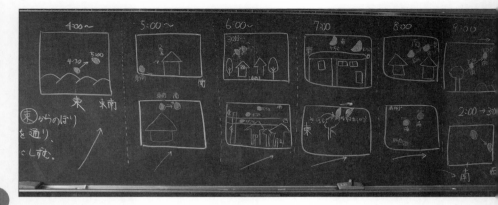

「観察結果を見て，気付いたことをノートに書きなさい。」

　自由に発表させた。

　　①月は，最初はだんだんのぼっていき，最後に沈む。

　　②月は，少しずつ動いている。

　　③月の形は変わらなかった。

🌙 月の動きをまとめさせる

「月はどう動きますか。」

　「東からのぼり，南を通り，西へ沈む。」のようにまとめた。

　ここで，月の形によって動き方は同じか違うかを尋ねた。

　以前観察した「下弦の月」を思い出させた。この月も同じような動きをしていた。午前中に西へ沈んだのである。

　月の動きは，月の形によって変わることはないことをおさえた。

「月の動きと太陽の動きは，同じですか。違いますか。」

　月の動きは太陽の動きと同じだということがわかった。

第6時

星はどのように動くか

🌙 星座の復習

「これは，何という星座ですか。」

はくちょう座，夏の大三角，カシオペヤ座など，次々と有名な星座を提示した。ノートにもだいたいの形と名前を書かせた。
「教科書の星空の写真を見て，星座を見つけなさい。見つけたら，赤鉛筆で線を引きなさい。」
　先ほど復習した，はくちょう座，夏の大三角，カシオペヤ座などを確認させた。
　星空の写真から星座を探すのは，少しだけ難しい。なぜなら数多くの星が写っているからである。だが，星座の形を最初に覚えさせておくことで，多くの子が見つけることができる。

☪ 星は動くか

> 月が動いているんだったら，星も動きますか。

「星座盤で見たとき，1時間ごとに星が動いていたけど……。」
と子どもたち。次のような意見分布になった。
　　①ほとんど動かない（2人）
　　②星は月と同じように動く（20人）
　　③星はそれぞれバラバラに動いている（9人）
　ある子は，「星はたくさんあって，そのすべてが月と同じように動くわけがない。」と力説した。
　実は，この子の意見は正しい。すべての星は，別々に動いている。ただ，あまりに遠くにあるので，なかなかその動きが地球からはわからないのである。
　小学校では，地球の自転による見かけの星の動きを扱う。
　あまり深入りはできないが，「星は遠くにあるので動きは目だたないが，年月がたつと，バラバラに動くことがわかる」ぐらいは教えてもよいだろう。

🌙 観察記録はノートに書かせる

星の観察の仕方は月と同じである。

注意点をもう一度確認しておいた。

　　①日時・方角・目印・星の形を書くこと

　　②同じ場所で観察すること（午後7時と9時の2回観察）

そして，観察のためのノートをつくらせた。

班で，「南の空」を観察する人と，「北の空」を観察する人とを決めさせた。南の空では，「夏の大三角」を見つけるように指示した。北の空では，「カシオペヤ座」を見つけるよう指示した。

新月の頃に星の観察を行うと，よく星が見える。観察の前に，星座盤で，「どんな星座が，その方向に見えそうか」を確認しておいた。

星座盤は，時間とともに星座がくるくると回る。これに気付けば，時間とともに星が動いているとわかるのだが，そこには触れなかった。

第7～8時

星の動き方をまとめる

🌙 観察結果の確認

班で，星の観察結果を見比べさせた。

そして，方角ごとに星の動きを板書させた。

「南の空を見てきた人，集まりなさい。結果を比べて，板書しなさい。」
　南の星は，月と同じように，東から西へと動いているのがわかった。
　ところが，北の空の星は動きが違う。北の空の星は，下からのぼっているように見える。

> 気付いたことをノートに書きなさい。

　　①星は，やはり動いている。
　　②星は，並び方が変わらない。
　　③南の空の星は，月や太陽の動きと同じ。
　　④１時間で少しだけ動く。
　　⑤北だけ星の動きがおかしい。反対に動いているように見える。

🌙 北の空の星はどう動くか

　「北だけ星の動きがおかしい」ということに，子どもたちは驚き，疑問に思った。

　どうしてそうなるのかを考えさせても，子どもはなかなかわからない。ここは，教師の解説がいるところだ。次のように説明した。
「南を向きなさい。星は，東からのぼって南の空を通り，西へ沈んでいます。つまり，左から右へ動いていますね。」
　ここまでは，子どもたちもよくわかっていた。
「月の動きと同じだね」，「太陽と同じだよ」，「左から右へ動いているよ」などとつぶやいていた。
「では，先生は北に移動します。みんなも北を見てごらん。先生は，さっきと同じように動くよ。」
　こういって，東→南→西へと動いてみせた。
「あれっ！　北に向くと，星（先生）が右から左に動いているように見える。」
「星は，どの空でも同じように動きます。でも北だけ反対のように見えますが，それは見えるだけで，どの空でも同じように動いているのです。」

わかる子は,「そうか, 僕たちがどちらに向いているかの問題なのか。」とつぶやいていた。

だが, わからない子もいた。抽象的な思考が難しいのである。

そこで, 映像を見せて, もう一度動きを確認させる必要がある。

☾ 映像で確認する

ここから, ビデオを見る時間をとった。

ビデオの中で, 北の空の星が回転しているように見えることを, 解説してくれていた。また, 月や星の動きも, 詳しく説明されていた。

ビデオを見せる前に, 次の助言をしておくとよい。

「大切だなと思ったことは, メモをとります。数字が出てきたらメモをとるといいですよ。」

V

月と星

第9時

冬の星を観察する

☾ 冬の星空は夏と比べて違うのか

3学期になって授業を行った。

「夏の星座には, どんなものがありましたか。」

はくちょう座, 北斗七星, カシオペヤ座, さそり座などが出された。

星座を黒板に提示して言った。

「冬の星空を見たことがありますか。」

あると答えた子がほとんどだった。

冬の星空と, 夏の星空では, 違いますか。

次の3つから選ばせた。

①違う

②同じ

③ちょっと違う

「ちょっと違う」と答えた子が多かった。

🌙 冬の星空の写真を見て気付いたことを書かせる

「冬の星空の写真です。気付いたことを書きなさい。」

　オリオン座，冬の大三角，すばるの見える写真を示した。

　次のような気付きが出された。

　　①明るい星が4つある。（プロキオン，ベテルギウス，シリウス，アルデバランのこと。）

　　②ごちゃごちゃしたたくさんの星がある。

　　③夏の夜空と違うようだ。

　　④青い星，明るい星が多い。

「ごちゃごちゃしたたくさんの星」とは，すばる（プレアデス星団）のことである。

「これはすばると言います。星はいくつ見えますか。」

　4〜6個ぐらい，という答えが多かった。

　拡大写真を見せた。100個ぐらい星が写っている。こんなに多くの星が集まっていることに子どもたちはびっくりした。

「昔の人も，ここに星が集まっていることに気付いています。ごちゃごちゃ星などと言っていたそうです。星が5つぐらい見えたら，とても目がいいということです。ぜひ今日の星空で見つけてください。」

🌙 動画で星座を確認させる

「冬の有名な星座があります。動画で確認しましょう。」

　オリオン座，こいぬ座，おおいぬ座，すばるなどを動画で紹介した。動画では，冬の大三角も確認できた。

「今日の夜，星座の観察をします。オリオン座を見つけて，動き方を確認しましょう。」

　知識を教えてから，そのうえで，星の観察をさせる。知識の中でも，特に観察の視点となるような知識を与えておくことが大切だ。

「冬の星座は，まず，オリオン座を探すのがいちばん。オリオン座を探すには，ベルトの部分の３つの星を探せばよい。オリオン座が見つかったら，冬の大三角は見つかるはずです。」

こういった知識を観察前に教えておくとよい。

☪観察の見通しをもたせる

ノートに観察記録のひな形を書かせた。

「今日，どんな星座が見えるかを，星座盤で確認しなさい。」

星座盤で確認すると，夏の星空と違っていることがよくわかる。ただし，夏に見えた星座もいくつか見えることがわかる。

星座盤で星座を確認させたあとで，「冬の夜空の星の動き」を動画で紹介した。

東から星がのぼり，南を通り，西へ沈む様子を示した。さらに，北の空に星座が回っている様子の動画も見せた。これでずいぶんと観察のイメージがつかめたようであった。

星空の観察は難しい。見つけやすい星座を，ある程度先に教えておき，見通しをもたせておいたほうがよい。

ややこしいのは，冬の夜空と夏の夜空でどうして見える星座が異なるのか，という点である。また，昼間の空に実は星があるということも，子どもは忘れやすい。

知識を教え，星空に興味をもたせたうえで，観察にもっていくのがよい。プラネタリウムに行った人が，星空を眺めてみたいと思うように。

第10時

冬の星の動き方を知る

☪観察結果の確認

どんな星座が見えたかを確認した。

オリオン座は，全員が見つけることができた。やはり三連星に注目

させると，すぐに見つかったようだ。冬の大三角も確認できた子がほとんどであった。

　観察結果を確認した。

「午後7時に，オリオン座はどの方角にありましたか。」

　東である。

「2時間後の午後9時になると，どちらに動きましたか。」

　南の方角へのぼっていった，と子どもたちは答えた。

　その後，どのように動くのかを映像で見せた。オリオン座は南へ動き，そして西へ沈んでいくことがわかった。

★ 星の動き方を映像で確認させる

　オリオン座の動きを映像で確認させたあとで，最後に冬の星のビデオを見せた。ビデオは，冬の主な星座や，動き方を紹介するものである。「北の星の動き方」と，「冬と夏でなぜ見える星が違うのか」の説明もビデオを使って行った。

　あまり難しい内容は教えられない。夏と冬では夜に見える星が違うことを，ある程度理解させられればよい。

　授業の終わりに，有名な星座や星の名前を覚えられたかどうか，問題を出した。

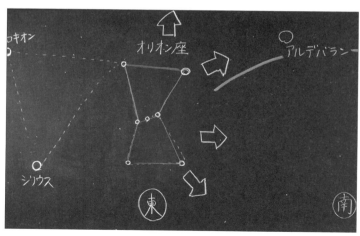

109

VI

季節と生物(2)
寒い季節

VI

全部見せます
小4理科授業

VI 季節と生物(2) 寒い季節

　秋・冬になってから，動物・植物の様子を観察する。そして，春・夏と比べてずいぶん様子が異なっていることに，気付かせていく。

　観察をしっかりさせるには，観察前の発問が大切だ。
「チョウはどこにいったのかな？　魚はどこにいったのかな？」

　例えば，冬になってからこのように問う。子どもによって考え方はまちまちである。「生き物は全て冬眠する」と言う子も，「冬になると生き物は全滅する」と考える子もいる。実際は，活動がにぶくなる，卵で越冬する，暖かい地方へ旅立つなど，動物によって，越冬の仕方は異なる。発問することで，こうした考えの違いがはっきりする。考えの違いがはっきりすれば，観察への意欲が増すことになる。確かめたいと思うようになる。こうして観察前に，生き物への興味をもたせていく。

　また，情報を探す時間もとりたい。なぜなら，子どもによって調べたい生き物が違うからである。ある子は，カニやトカゲが冬に全くいなくなるので，いったいどこにいるのかが気になった。探しに行っても，どうしても見つからない。こういった場合，インターネットや図鑑，ビデオで調べる時間をとってやるとよい。動物によって越冬の仕方が異なることに気付かせることができる。

　植物は，サクラやヘチマの観察を引き続き行う。ヘチマは枯れてしまうが，サクラは枯れてはいない。ここを勘ちがいしている子もいる。サクラも枯れたと思ってしまうのである。冬のサクラを見ると，たくさんの芽があることがわかる。春になって，花や葉を出すための芽である。この芽に気付かない子が結構多い。さらに，芽の中には，花になるものと葉になるものとがあることにも，自然には気付かない。

　こういった，子どもが気付きにくいところに気付かせるような授業をしていきたい。

習得させたい知識

1 動物の活動は，季節によって違いがあること。
2 植物の成長は，季節によって違いがあること。

習得させたい技能

1 変化に対する要因を考えることができる。
2 温度計を正しく使うことができる。
3 インターネットや図書資料などを使って調べたい情報を探すことができる。

単元実施計画

時　間	学習内容と指導方法の重点【習得・活用・探究】
第 1 時	【習得】夏休み明けのヘチマの観察
第 2 時	【習得】秋の動物の観察
第 3 時	【習得】秋のサクラの観察
第 4 時	【習得】秋のヘチマの観察
第 5 時	【活用】冬の動物の観察
第 6 時	【活用】冬の動物はどこに行ったのかを調べる
第 7 時	【活用】冬のヘチマの観察
第 8 時	【活用】冬のサクラの観察
第 9 時	【活用】冬の生き物の様子をまとめる
第 10 時	【探求】見つけられなかった生き物を探しに行く
第11〜12時	【活用】生き物の 1 年の様子をまとめる

夏休み明けのヘチマの観察

🐦 観察の仕方を復習する

まず，1学期に教えた観察の仕方を確認した。

　①気温を測ること。

　②天気・時刻を書くこと。

　③スケッチは，ゆっくり大きく描くこと。

そして，気温の測り方を，もう一度確認した。

　①日光に当てない。

　②地面から 1m20cm ～ 1m50cm ぐらいで測る。

　③風通しのよいところで測る。

さらに，観察のポイントも復習した。

　①「色」，「形」，「数」，「大きさ」を確かめる。

　②何かと比べる。（例えば，「ヘチマとヒョウタンを比べる」「9月
　　と7月を比べる」など。）

🐦 ヘチマの実と全体を観察させる

> ヘチマとヒョウタンに，実がなっています。
> 今日は，実の観察をします。

スケッチは，実だけを描かせた。時間がある子は，ヘチマのつるや，
花を描かせた。

　観察中に，いくつか尋ねた。

「ヘチマの長さは，全体でどれぐらいですか。」

　6m ぐらいあった。この長さをメモさせておくことが大切である。涼
しくなってからもう一度観察を行うが，このときに，長さがあまり変
わっていないことに気付かせるためである。

「ヘチマの実はどれぐらいの重さですか。」

　ランドセルと同じぐらいの重さのものがあった。

夏休み前との違いを意識させる

　観察を終えて，尋ねた。

「7月と違っていたところがありました。何が違いましたか。」

　葉が大きくなり増えていた。実もかなり大きくなっていた。しかし，いちばん違っていたのは，葉が茶色になっているところである。枯れてきていることがわかる。

　次の観察は，涼しくなってから行う。

第2時

秋の動物の観察

動物の様子を思い出させる

「ずいぶん涼しくなってきましたね。季節は秋です。今，どんな生き物がいますか。」

　自由に発表させた。アリ，カエル，カマキリ，ツバメ，チョウ，魚，セミ，などがあがった。子どもから出なかったものは，こちらから名前を出した。

　そして，秋にいると思う動物には〇，いないものには×をつけさせた。

観察ノートの書き方を教える

　観察ノートに，次のメモを書かせた。

　　①動物の名前

　　②動物の様子

　ちょうど昨日つかまえたカマキリが，朝，卵を産んでいた。そこで，次のような例を示した。

「カマキリ〈動物の名前〉が，卵を産んで〈動物の様子〉いた。」

115

また，その日の朝に畑でカナブンの幼虫を見つけた子がいたので，もう一つ例を教えた。

「カナブンの幼虫〈動物の名前〉が，畑の土の中で動いて〈動物の様子〉いた。」

こうして，動物の名前とその様子を書くよう教えた。

「では，班で協力して動物の様子を調べに行きましょう。」

観察の時には温度計を配って，気温を測らせるようにする。

🐟 春・夏と比べさせる

観察から帰ってきて尋ねた。

「春，もしくは夏と違っていたところはどこですか。」

班で話し合わせた。そして，1班から順に発表させた。

「発表する内容がかぶらないといいよね。」と伝えた。すると班の中で，「違いを3つぐらい考えておこう」と相談し始めた。

次の気付きが出された。

　①大きい虫が多かった。

　②春や夏は，例えばバッタの子どもがたくさんいたが，秋は，大きいバッタやカマキリが多かった。

　③音を鳴らしている虫が多かった。コオロギやマツムシのような虫がいた。

　④虫の数が少なくなっていた。

　⑤ツバメが少ししかいなかった。

　⑥モズが飛んでいた。

続いて，尋ねた。

「春，もしくは夏と同じところはありましたか。」

チョウが飛んでいることや，草むらにカマキリやバッタがいるのは同じだという意見が出た。

最後に資料を示し，ツバメは，涼しくなると暖かい南へと移動することを教えた。

秋のサクラの観察

秋になって植物はどう変わったか

「秋になりました。植物の様子は，春や夏と比べて同じですか。違いますか。」

違うという意見が出た。葉の色が変わっていると言う子が多かった。

「今日は，サクラが，夏と比べてどう変わったかを調べます。」

ここで，スケッチの仕方を確認した。

「全体をおおざっぱに描いてもいいし，部分を詳しく描いてもいいです。」

観察していると，いろいろな気付きがあった。

まず，夏に伸びていた枝の部分が，茶色に変化していた。ただ，他の枝のようにでこぼこしているのではなく，表面はつるつるしていた。

葉の数が少なくなっていた。そして，葉の色が黄色に変化していた。

また，サクラについていた虫が少なくなっていた。

つぼみがあることに気付かせる

花と葉のつぼみがたくさんついていた。

このつぼみに注目させ，尋ねた。

「この小さなつぼみは何ですか。」「このあとで，花になるんじゃないの？」「枝になって伸びてくるんじゃないの？」などと，子どもたちは疑問に思ったようであった。

このまま様子を見て，どうなるかを調べることにした。実際に芽の中身を見るのは，冬になってから行う。

VI 季節と生物(2) 寒い季節

117

秋のヘチマの観察

🐟 ヘチマをスケッチさせる

　涼しくなってから，ヘチマの観察を行った。

　ヘチマはずいぶん枯れてきている。

　いつものように，ヘチマをノートにスケッチさせた。気温も測定させ，メモさせた。

　また，観察をしながら，ヘチマの実の重さを体感させた。枯れて茶色になったヘチマの実は，かなり軽くなっている。これに子どもたちは驚いていた。

🐟 夏のヘチマと比べさせる

　観察を終えて尋ねた。

> 涼しくなったら，ヘチマの何が変わりましたか。

　　①実が茶色になって，軽くなっていた。

　　②花があまり咲いていない。

　　③葉が茶色になり，枯れてきていた。

「7月は，ヘチマはぐんぐん伸びていました。今は伸びていますか。」

　気温が低くなるとあまり伸びないことを確認した。

　ちなみに，ヘチマの伸びを9月以降も調べる実践があるが，6mも伸びているヘチマの伸びを測るのは，なかなか難しい。全体として伸びていないことがつかめれば，よしとした。

🐟 教科書のグラフを読み取らせる

　教科書に，ヘチマの伸びと気温を調べたグラフが載っている。1つめのグラフは，1週間のヘチマの伸びを表したもの。2つめのグラフは，

気温の変化を表したものである。

　1 週間で 80cm ぐらい伸びていたのが，今は 1 週間で 10cm ぐらいしか伸びていないことが示されている。

　このグラフの読み取りは行っておくとよい。ヘチマがどれぐらい伸びなくなったかが数値でわかる。しかも，「気温が下がると，ヘチマは伸びなくなる」という因果関係をおさえておくことができる。

🐟 種ができたことを確認する

　枯れた茶色の実をとって，上下に振ると，音がする。

「これは何の音ですか。」

「種の音かな？」と子どもたち。

　よく見ると，ヘチマの先に穴が開いている。もとは，花がついていたところである。

　子どもの前で，実を思いきり振ってやった。すると，ヘチマの先の，花がついていたところが，ポロッととれて，種がザーッと出てきた。これはいつやっても，子どもに大受けである。

　このように，ヘチマの実は，種を落とせる仕組みになっていることを教えた。そして，実際にヘチマの中身がどうなっているのかを，子どもに調べさせた。

　皮をむくと中から，種と，タワシのような繊維が出てきた。

　種の数を数えてくれた子がいた。種の数は，420 粒である。その数に，子どもたちは驚いていた。

冬の動物の観察

暖かい季節の動物を思い出させる

　3学期になってから，冬の生き物の観察を行う。

　授業の最初に尋ねた。

「夏にはどんな生き物がいましたか。」

　次々と自由に言わせた。これで，どんな生き物が学校の周りにいたのかが思い出せる。

「では，冬にはその生き物たちは見ましたか。」

　ほとんど見ていない，と言う。

> 暖かい季節にはいたけど，寒い季節に見なくなったのは，どんな動物ですか。

　チョウ，テントウムシ，魚，ザリガニ，カエル，カナブン，ダンゴムシ，アリ，トカゲ，カマキリ，などが出された。

> 反対に，暖かい季節でも寒い季節でもいるのは，どんな動物ですか。

　スズメやカラスなどがあげられた。

> 寒い季節になったら見なくなった生き物はどこにいったのでしょうか。今日は生き物を見つけに行きます。

どうやって越冬しているか

「寒い季節になると，気温が0℃より下がることも多くなります。池が完全に凍っていましたね。雪が降っている日もありました。」

「みんなは家に住んでいるので，ある程度暖かいです。外で暮らしている生き物も，寒さを防ぐための家のようなものの中にいるはずですよね。」

> これらの生き物はどこにいるのでしょうか。
> 場所を予想してノートに書きなさい。

　しばらくして，予想を発表させた。
　「石や落ち葉の下にいそうだ。」という意見が多く出た。
　「魚もザリガニもチョウも，冬になると全部死んでしまう。」というようなことを考えていた子もいた。
　「ツバメのように，暖かい地方に移る。」と考えた子もいた。

🐟 班で協力して観察させる

　冬の生き物はなかなか見つからない。そこで，「見つけた人はみんなを呼んで教える」ということにした。
　観察ノートには，次のことを書かせた。
　　①動物の名前
　　②動物の様子
　これは秋の観察メモと同じである。気温も測定させた。

　カマキリは卵の形で冬を越す。あちこちの木の枝に卵がついているのを子どもたちが発見した。

　テントウムシは，大根の葉の下の落ち葉の，さらにその下にいた。

　魚は，池からみごとに全部いなくなっていた。「どこかにいるはず」と，子どもたちは，一生懸命探した。すると，水草の茎と根の中に隠れていることがわかった。

それを見た子が言った。

「根の中を家にしているんだよ。」

石の下に隠れている生き物もいた。だが全体的に，暖かい時期と比べてずいぶん減っていた。

教室に帰って，どこにどんな生き物がいたのかを確認した。

冬の動物はどこに行ったのかを調べる

✍ 動物の越冬の仕方を調べさせる

「観察でいろいろな生き物を見つけましたね。」

> 観察で見つけられなかった動物がどこに行ったのか，調べましょう。

インターネットで調べることにした。すると，動物によって越冬の仕方が違うことがわかった。

サワガニは，岩の隙間や土の中でじっとしている。

ツバメは，南の暖かい国へ飛んでいく。

カエルやヘビは，土の中で冬眠をしている。

子どもたちが不思議に思っていたのは，ダンゴムシだ。夏は，石の下にダンゴムシがたくさんいた。しかし今は，石の下にはいなくなっている。調べてみると，どうやら土の中に潜って眠っているらしいということがわかった。

✍ 調べた情報を共有させる

調べた情報を班ごとに発表させた。

「冬眠」という言葉が出てきたので，辞書で調べさせた。

> 動物によって冬の過ごし方が違いますね。
> 冬の乗り切り方をいくつかに分けてごらんなさい。

　いくつかのタイプに分類させた。

　モンシロチョウは，さなぎで冬を乗り越えるから，「さなぎタイプ」。

　カマキリは，卵で冬を乗り越えるから，「卵タイプ」。

　ヘビやカエルは，冬眠するので，「冬眠タイプ」。

　ツバメは，南へ移動するので，「引っ越しタイプ」。

　チョウの中には，卵で越冬するものや，幼虫のまま越冬するものがいて，種類によって違うことがわかった。

　また，魚や小動物のように，土の中や藻の中に潜って，できるだけ暖かい場所でじっとしているものがいることもわかった。

　子どもの感想で，「他の動物も家で調べたい。」というものが多かった。

　調べ学習のメリットはここにある。疑問を自分で調べようという姿勢が身につくのだ。

第7時

冬のヘチマの観察

ヘチマは生きているか

> 冬になりました。
> ヘチマは今も生きていますか。それとも枯れてしまいましたか。

　「枯れた。」と答えた子と，「ひょっとするとまだ生きているのかも。」という子に分かれた。

　さっそくスケッチの欄をノートに書かせ，観察に行った。

　ヘチマを触ることで，枯れているのがよくわかる。

123

種が地面に落ちていた。それを見てある子が言った。

「ヘチマは完全に枯れている。でも種だけは生きている。」

「ヘチマは枯れる」という知識を教えてから，サクラの観察を行う。サクラは，木自体が枯れたわけではない。ここが，ヘチマとの大きな違いであることに気付かせることができる。

気温も測定させた。10時に5℃であった。

冬のサクラの観察

ヘチマとサクラを比べさせる

「ヘチマは生きていましたか。枯れていましたか。」

枯れていた。葉，茎，根，花，実，すべて枯れていたことを確認した。

「ヘチマで，生きていた物が1つありました。何ですか。」

種だけは生きていた。

つまり，ヘチマは種の形で，冬を越すことを確認した。

「サクラは生きていますか。それとも枯れていますか。」

生きているという子が多かった。

一部の子は，葉は枯れたけど，枝や根は生きているかどうかわからないと答えた。

サクラの葉は確かに枯れている。花も枯れている。しかし，茎と根，芽は生きていることを教えた。

「春になって，サクラの花と葉が出てきますね。実は今，花と葉の赤ちゃんが，育っています。」

ここで，秋に，サクラの芽が出ていたことを思い出させた。そして，花の芽と，葉の芽があることを教えた。「太くてふっくらした芽」と「細くてとがった芽」の2つがある。

どちらが花でどちらが葉かを，予想させた。

★ サクラの芽を観察させる

　サクラのスケッチをしたあとで，サクラの芽をとってきてルーペで観察させた。

「芽の中を見てごらんなさい。」

　カッターで切ったり，手で少しずつむいたりして，中を見る。

　芽の中をルーペで観察すると，花や葉が入っていることがよくわかる。ある程度，芽が大きくなってから観察させると，より違いがはっきりわかる。子どもたちはルーペを使っての芽の観察に熱中していた。

　ちなみに，春にも「枝の先の芽が伸びて，枝が伸びた」という姿を観察している。思い出させるとよい。

　最後に，サクラの葉や花は枯れるが，木自体は生きていて，芽の状態で冬を越すことを教えた。

第9時

冬の生き物の様子をまとめる

★ 冬の生き物の動画

　冬の生き物の様子をビデオで確認させた。

　冬に，土の中にいる動物を探すのは困難である。そこで，見つかりにくい動物は，ビデオを使って，生活の様子を見せるとよい。

　ノートには，自分が大切だと思った情報や，初めて知った情報をメモさせるようにする。

見つけられなかった生き物を探しに行く

🐟 知識を活用させる

　ビデオで，サクラ以外にも，芽があることが紹介されていた。また，冬の生き物は見つけにくいが，葉の裏に卵を産んでいたり，木の中に隠れていたりすることがわかった。

　前回の観察では，落ち葉にはりついている卵などには誰も気付かなかった。木の中に昆虫がいるかもしれないことや，少し深い土の中に生き物がいることなど，前回は思ってもみなかった。

　今は，見つけるための視点を子どもたちはもっている。自分で調べた情報もあるし，ビデオで紹介された情報ももっている。

　そこで，もう一度，冬の生き物の観察を行うことにした。

「前の観察で，ほとんど見つけられなかったダンゴムシや，ガの卵，そしてチョウのさなぎなど。今度は見つけられるでしょうか。探しに行ってみましょう。」

🐟 隠れていた生き物が次々と見えてくる

　子どもたちは，今回の観察では，落ち葉の裏や木の中まで念入りに見ていた。また，チョウやガのさなぎがいるはずだと，常緑樹の葉の裏や，枯れた木の下などを探した。

　その結果，前回の観察では見つけられなかった生き物まで見つけることができた。

　例えば，ガのさなぎ。大きなさなぎが複数あった。

　さまざまな甲虫。冬眠しているようだった。

　トノサマバッタも見つかった。眠っているようにじっとしていた。触ってみると，動き始めた。生きてはいるようだ。

　オオカマキリも見つかったが，これは死んでしまっていた。

　ダンゴムシもたくさん見つかった。

VI
季節と生物(2)
寒い季節

枯れた木を壊すと中から虫が出てきた。

花壇に積もった落ち葉の中にも，いろいろな虫がいた。

落ち葉の裏には，卵がついていた。

「こんなにたくさんの生き物が見つかるなんて！」

子どもたちは，感動していた。

▱ サクラ以外の植物も春の準備をしているか

さらに，サクラ以外の植物も観察することにした。

「サクラ以外の植物にも，芽があるでしょうか。」

あると答える子が多かった。

校庭の枯れた木を観察させた。

サクラ以外の木も，春に向けて芽を膨らませて準備をしていることが，観察できた。

これも，前回の観察では，まったく意識の外だったものである。

冬の生き物を探すのは難しい。「こんな状態で，このような場所にいる」という観察の視点がない状態で探しても，なかなか見つからない。

しかし，自分で調べた情報やビデオの情報をもとに，観察の視点を得てから生き物を探すと，多くの生き物が見つかるのである。この体験をさせたい。

第 11 〜 12 時

生き物の 1 年の様子をまとめる

▱ 生き物の 1 年を思い出させる

> ヘチマの 1 年の様子をまとめなさい。

種→芽→花→実，となる。

「季節はいつですか。」

127

季節を，その下に書かせる。

種 → 芽 → 花 → 実
冬　春　夏　秋

> サクラの1年の様子を，同じようにまとめなさい。

芽 → 花 → 葉 → 枯れる
冬　春　夏　秋

💫共通点を考えさせる

「ヘチマとサクラで似ているのはどこですか。」
　　①繰り返しているところが似ている。
　　②芽から育つのが似ている。
　　③どちらも，秋になると枯れ始める。
「ホウセンカやひまわりと似ているのは，どちらですか。」
　ヘチマのほうが似ていると，子どもたち。サクラは，枯れるけど木自体は枯れていないから，という理由であった。

💫動物の1年と比べさせる

> カマキリの1年の様子をまとめなさい。

卵 → 幼虫 → 成虫 → 卵を産む
冬　　春　　　夏　　　　秋
「植物の一生と似ているところはありますか。」
　　①カマキリも，ヘチマと同じように，冬は卵で過ごす。
　　②1年で，ぐるぐると繰り返している。

気温と生き物の様子の関係をつかませる

> 1年間の気温の変化のグラフです。
> これと，ヘチマ，サクラ，カマキリの一生を見て気付いたことを，
> ノートに書きなさい。

①寒くなると，動物の活動がにぶくなる。

②冬になると，芽や卵の状態で過ごす。

③気温が高くなると，動物も植物も活発に生きている。

　発展として，気温が変化しない国では生き物がどう生活しているのかを調べさせてもおもしろい。

「生き物の1年の変化をノートにまとめなさい。」

　ノートまとめの時間を1時間とった。

VII

空気と水の性質

全部見せます

小4理科授業

Ⅶ　空気と水の性質

「空気は縮むかな？」と問うと，子どもは「縮まない。」と答える。自分の身近にある空気が縮むとは，とうてい思えないからである。

そこで，空気で膨らんだビニール袋を見せて，「押すと，空気は縮むかな？」と尋ねる。すると，少し意見は分かれる。思いきり押すと，縮むような気もする。

実験で確かめさせる。ところが，ビニール袋では結果がはっきりしない。縮んだような気もするし，空気がもれているような気もする。

さて，どうするか。マヨネーズなどの容器では，時間がかかるうえに，「確かめられなかった」で終わることもある。いちばんはっきりするのは注射器である。注射器だと，空気が縮んだことがよくわかる。

しかしそれでも，一部の子にはまだあまりピンとこない。「空気が縮む」ということのイメージが頭の中でよくわからないのである。

そこですぐに，「水が縮むか」と問う。水が空気と同じように縮むかを確かめさせる。水は，まったく縮まない。ここで，先ほどピンときていなかった子も，声をあげて「わかった！」と叫ぶ。「空気は縮むけど，水は縮まない。」

空気が縮むかどうかを調べたあとで，すぐに，水が縮むかどうかを調べることで，「縮む」という意味が具体的に理解できるのだ。空気と水を比較してみて，初めてわかる子もいるのである。

このように，授業は，子どもが科学的な知識を理解しやすいように組み立てるべきだ。「確かめられない試行錯誤」を延々と続けるのは効率が悪い。教師は，子どもが理解しやすい授業を組み立てるべきだ。

本単元では，「空気と水の性質」がある程度わかった段階で試行錯誤の活動を行っている。いわば，学習した知識を活用しながらの試行錯誤である。子どもたちは夢中になって取り組んだ。

習得させたい知識

1 閉じ込めた空気を押すと，体積は小さくなること。

2 閉じ込めた空気を押すと，押し返す力は大きくなること。

3 閉じ込めた空気は押し縮められるが，閉じ込めた水は押し縮められないこと。

習得させたい技能

1 空気を押すと縮むかどうかを，自分なりの方法で調べることができる。

2 空気と水を比べながら，体積や押し返す力の変化を調べ，結果を記録することができる。

3 空気の体積の変化と，押し返す力とを関係付けて捉えることができる。

4 バルーンロケットが遠くに飛ぶように，試行錯誤することができる。

単元実施計画

時　間	学習内容と指導方法の重点【習得・活用・探究】
第１時	【習得】空気は縮むのかを確かめる
第２時	【習得】空気と水の性質を比べる
第３〜４時	【活用】空気の性質をさらに深く知る
第５〜６時	【活用】水と空気の性質を利用したおもちゃで遊ぶ

空気は縮むのかを確かめる

🔹 ビニール袋で空気の力を体感させる

「今日から空気の勉強です。空気とは何ですか。」

　子どもたちは，「酸素のこと」と思っていたようだ。

　辞書で調べさせた。そして，今みんなが吸っているものが空気だよと教えた。

「空気を見せます。」

　こう言って，水の中の泡を見せた。水の中で，コップなどの容器を裏返すと，空気が浮き上がってくるのが見える。

「空気をつかまえることはできますか。」

　ビニール袋でつかまえられるという意見が出た。

　そこで，ビニール袋に空気を入れて膨らませた。このビニール袋を見せながら尋ねた。

> 空気は，押すと縮みますか。

　縮むという子と，縮まないという子，少しだけ縮むという子に分かれた。大半の子が，「縮まない」と答えた。

　ビニール袋に空気を入れて，確かめさせた。

　大きなビニール袋や小さなビニール袋，いろいろな物で確かめさせる。大きなビニール袋は，子どもが上に乗っても破れないような，厚手のものがよい。

🔹 発見を共有させる

「気付いたことをノートに書きなさい。」

　　①空気は硬い。

　　②空気を閉じ込めたら，上に乗ることができた。

③穴があくと，そこから空気がもれていた。
④空気は見えないけど，水の中だと見える。
⑤ふわふわと上に浮き上がった。
⑥空気を押すと，はね返ってきた。
⑦袋に空気を入れてぎゅっと押すと，縮んだ。
⑧空気は目に見えないけど，いくらでもあった。
⑨空気はとても強い力をもっていた。
⑩袋を集めてベッドができた。

◢ 注射器で確かめさせる

> 空気は，押すと縮みますか。

　数人が縮んだと言い，多くの子が縮まないと主張した。
　縮んだのは，単に空気がもれたからだと言う子がいた。
　ビニール袋では，確かめられないと言う子が多かった。どうしても，空気がもれている感じがすると言うのである。
　ビニール袋では確かめられない。なのに，これで確かめさせるのは，なぜか。
　それは，「空気が縮むのかどうか？」を体感させるためである。空気の性質を体感で理解させるためだ。
「ビニール袋以外に，もっといい物はありませんか。」
　マヨネーズの容器，ペットボトル，小さなボールなどが出された。
　しかし，いちばんわかりやすいのは，注射器である。ここで，注射器を渡した。そして，注射器で確かめるように言った。
「あっ縮んだ！」
という声があちこちから出た。

空気と水の性質を比べる

🫧 空気がもれていると主張する子へ対応する

　2時間続きの授業である。

　1時間めで,「空気は縮む」と考える子が多数を占めるようになった。注射器でやったら縮むのがわかったと納得していた。

　ただし,「縮んでいない」と言う子も一部いた。「注射器から空気がもれているのではないか」と言うのである。

　そこで,水の中で,私が確かめてみた。

　空気は,注射器からまったくもれていない。これで,疑っていた子も納得できた。

「空気は,押すと縮むんだ！」

🫧 空気の性質をさらに追究させる

　空気は,押しつぶせますか？

　これはできない。いくらなんでも,全部をぺしゃんこにはできない。

　空気は,引き伸ばすことができますか。

　これはとても盛り上がった。

　空気はかなり引き伸ばすことができる。

💧 水は縮むのか

> 水は，押すと縮みますか。

　これは縮まないだろうと考えた子が多かった。
　注射器で確かめさせた。
「動かない！」
「まったく縮まない！」

> 水は，引き伸ばすことができますか。

　空気と水を比べると，よくわかる。
　水はまったく伸びない。伸ばそうとしても，水の中に僅かに含まれていた空気が伸びていくだけである。

> 水と空気を半分入れて，押したり引き伸ばしたりするとどうなりますか。

　これは，自由に確かめさせた。
　空気だけが伸びていく。だが水は，やはり伸びない。気付いたことを子どもたちに書かせた。
　　①10 のめもりのところに合わせてから引っ張ると，また 10 のところへ戻る。
　　②水と空気とを一緒に引っ張ると，空気だけ伸びる。
　　③空気を思いきり伸ばした状態で手を離すと，空気が吸い込まれる。
　　④空気を伸ばすと，戻ろうとする。
　　⑤水を押しても縮まない。水を伸ばすと，小さな空気が伸びるだけで，水は伸びない。
　　⑥水と空気とを半分ずつ入れて押すと，空気だけが縮んだ。

137

空気の性質をさらに深く知る

💧絵でイメージをもたせる

「空気を押すと縮みます。このときどんな手応えがありましたか。」

「押し返されたよ。」

「空気は，縮ませれば縮ませるほど，押し返す力も強くなります。」

　ここで，空気を粒で表現し，絵を黒板に描いた。

　ぎゅうぎゅうになると，押し返す力も強くなることも表現した。

空気と水の性質

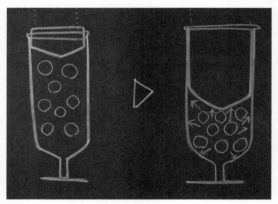

💧空気鉄砲で遊ばせる

「空気の押し返す力を利用したおもちゃがあります。空気鉄砲です。今日はこれで遊んでみましょう。」

　玉は，1人3つ。たっぷり遊ばせたあと，気付いたことを書かせた。

　主な気付きは，次の通り。

「押すと，玉も動いた。」

「引っぱると，玉も一緒に動いた。」

「空気をぎゅうぎゅうにすると，3つの玉でも同時に飛ばせた。」

💧 空気のかわりに水を入れるとどうなるか

最後に問題を出した。

> 空気鉄砲の中に水を入れます。玉は飛びますか。

　①空気鉄砲と同じぐらい飛ぶ。
　②少しだけ飛ぶ。
　③ほとんど飛ばない。

　最初，飛ぶと考えていた子もいた。だが，「水は空気と違って縮まないから，押す力もない。」という意見が出てから，「そうか。」というつぶやきが多く聞こえ，「ほとんど飛ばない」に意見が固まった。
　実際にやってみせた。やはり，水だとほとんど飛ばない。

💧 さらに難問を出す

> では，空気鉄砲に，水と空気を半分ずつ入れます。
> 玉は飛びますか。

　①空気鉄砲と同じぐらい飛ぶ。
　②少しだけ飛ぶ。
　③ほとんど飛ばない。

　これは意見がかなり分かれた。
「玉に，水が近いか，空気が近いかで違うのじゃないかな？」
　そこで，両方確かめることにした。
　結果は，次のようになった。
　①玉に水が近い状態で鉄砲を打つと，玉は少しだけ飛んだ。
　②玉に空気が近い状態で鉄砲を打つと，玉は勢いよく飛んだ。
　やはり，水や空気の位置によって，違いが出ることがわかった。
　子どもたちは，「空気があるからこそ，玉は飛ぶ」ということがよくわかったようであった。

水と空気の性質を利用したおもちゃで遊ぶ

💧バルーンロケットの原理を考えさせる

　空気鉄砲と同じ原理で飛ぶおもちゃで遊ばせた。

　空気鉄砲の要領でバルーンを飛ばす，バルーンロケットである。これは結構コツが必要で，空気をしっかり入れないと飛ばない。

　それと，活動前に，予想をさせることも大切だ。

　まず，絵を板書して示した。

「水と空気を一緒にした状態で，空気をどんどん入れてぎゅうぎゅうにしていきます。空気にはどんな力が生まれますか。」

　「もとに戻ろうとする力」，「押し合う力」などが出された。

「水は押されても，縮みますか。」

「縮まない。」

「では，もしこの蓋を開けるとどうなりますか。」

「水が勢いよく出てくる。」

　空気を圧縮すると，水が勢いよく噴射される。

「この水が勢いよく出てくる力を利用して，バルーンを飛ばします。」

💧よく飛ばすための方法を試行錯誤させる

　おもちゃを作るのに30分。さらに，1時間ほど遊ばせた。

　理論がわかっている状態で，おもちゃで遊ぶ。これも大切な勉強である。

　やはり，空気を限界まで圧縮できるか，水と空気の割合をどうするか，この2点が問題となる。

「水の量は空気の量の半分ぐらいがいいよ。」

「発射口側に水があったほうがいいみたい。」

「空気をものすごく押してぎゅうぎゅうにしたらよく飛ぶよ。」

　5mぐらい飛ばした子がいて，歓声がわいていた。

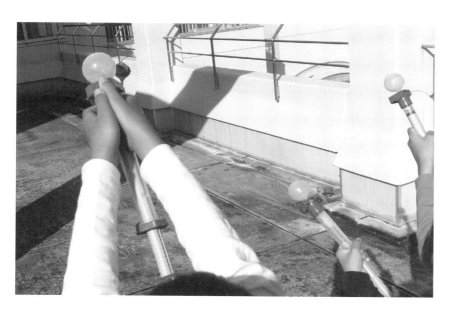

　おもちゃで遊ぶという活動の中で，子どもたちは，遠くに飛ばす工
夫を次々と考える。いろいろと試行錯誤し始める。これもいわゆる「自
由試行」の活動に似ている。

　この試行錯誤を通して，改めて空気と水の性質を確認できるという
わけである。

　授業の最後に，水と空気の性質を利用しているものとして，霧吹き
や水鉄砲を紹介するとよい。そして，理科が生活に生かされているこ
とに気付かせたい。

VIII

ものの体積と温度

全部見せます

小4理科授業

VIII　ものの体積と温度

　4年の学習内容は，生活に生かされているものが多い。本単元でも，生活に生かされている知識が出てくる。

　例えば，温度計は「温めると体積が増えること」を利用している。また，金属の蓋が開かなくなったとき，お湯で温めると開くようになる。これも，「温めると体積が増えること」を利用している。このように，理科が生活に生かされていることを，意識的に語って聞かせたい。

　また，本単元では，仮説を立てる活動を重点的に行う。

　子どもに，「瓶の口につけたシャボン液が膨らんだ」理由を問う。すると，子どもからさまざまな仮説が出てくることだろう。

　予想や仮説を発想させることは，4年生では何度も繰り返し取り入れていく必要がある。なんといっても，思考力・判断力・表現力等を育てることは理科の目標となっているからだ。

　ただしこの単元では，もう一歩，子どもを鍛えたい。何をするかというと，「確かめの方法も，子どもに考えさせる」のである。もちろん，なかなか子どもから「正確に確かめることのできる実験方法」は出ない。それでも，仮説を立てたら，自分で方法を考えて確かめればよいのだという「意識」をもたせることはできる。

　このような意識があれば，高学年になっても教師任せにせず，自分たちでなんとか解決しようとする子どもに育つはずである。

習得させたい知識

1　空気や水，金属は，温めると体積が膨張し，冷やすと収縮すること。
2　体積の変わり方は，空気，水，金属によって違いがあり，空気の体積の変化が最も大きいこと。

習得させたい技能

1　体積の変化について，空気と水，金属を比べながら調べることができる。
2　現象を見て，要因を予想したり，自分なりの仮説を考えたりすることができる。
3　仮説を確かめるための実験方法を考えることができる。
4　実験方法を理解し，正確な実験をすることができる。
5　アルコールランプを正しく使うことができる。

単元実施計画

時　間	学習内容と指導方法の重点【習得・活用・探究】
第1時	【習得】シャボン液を膨らませる
第2時	【習得】シャボン液はなぜ膨らんだか
第3時	【習得】空気がなぜ膨らんだのかを実験で確かめる
第4時	【習得】空気を冷やすと縮むのか
第5時	【活用】水を温めると膨らむのか
第6時	【探究】水の重さはどうなっているか
第7時	【習得】アルコールランプの使い方を知る
第8時	【習得】金属を温めると膨らむのか

シャボン液を膨らませる

▓ ペットボトルでシャボン液を膨らませる

　ペットボトルの口に，シャボン液をつける。そして，ペットボトルを手で温めると，シャボン液が膨らむ。この実験を行う。

　まず，教師がやってみせる。このとき，手でペットボトルに力を入れたように見せるのがポイントである。

「先生が，ペットボトルに力を入れたから，膨らんだんだ。」
という反応が返ってくるようにする。

> シャボン液はどうして膨らんだのですか。

「先生が，ペットボトルを思いきり握って，空気が口から出てきたから。」

　予想どおり，このような答えが返ってきた。

▓ 瓶でシャボン液を膨らませる

> では今度は，瓶でやってみます。膨らむと思う人？

　全員が膨らまないに手をあげた。これも教師がやってみせた。

　瓶の口に全員の目が集中した。すると，瓶の口のシャボン液が丸く膨らんだ。

「うそ！」

「どうして⁉」

もの
の体積と温度

VIII

▨ 子どもたちに自由に試させる

「やってみたい人？」

　突きささるように手があがった。

　瓶とペットボトルを班に配った。

　ペットボトルでは，子どもたちは力を入れているのだから，シャボン玉がすぐに膨らむ。しかし，瓶は，なかなか膨らまない。子どもたちは温めるとよいことになかなか気付かないからである。

　何度もやって，やっとチラホラと成功する班が出てきた。

　しばらくして，試験管も配った。試験管は熱が伝わりやすいので，シャボン液が膨らみやすい。

「どうしてもできない人は，試験管でやってごらん。」

　これは簡単にできた。

　がぜんやる気になる子どもたち。なんとしても瓶で膨らませようと，試行錯誤していた。

▨ 温めたら膨らむことを確認する

> どうやったら，瓶のシャボン液が膨らみましたか。

「温めたら膨らんだ。」という答えが返ってきた。

　ここで，ペットボトルでも，全く力を入れず，温めるだけでシャボン玉が膨らむところを見せてやった。

　驚きの声があがった。

「力を入れていないのに，膨らんでる！」

　そして，次の指示を出した。

「全員で力を合わせて温めなさい。」

　全員で瓶を持つと，膨らむスピードが速くなるし，膨らみも大きくなる。

　子どもたちから歓声があがった。

最後に，熱湯につけた雑巾を使って，膨らませてやった。

ぐんぐんシャボン液が大きくなる。しかも，そのスピードが尋常ではなく速いのである。

これにも，さらに驚きの声があがった。

第2時

シャボン液はなぜ膨らんだか

❖仮説を考えさせる

次の時間に，仮説を考えさせた。

> 何がシャボン液を膨らませましたか。

「空気です。」

> 空気を温めたらシャボン玉が膨らみました。
> 空気がどうなったからですか。
> 自分なりの考えを，絵や文章で書きなさい。

書けた子から板書させた。大きく次の4つが出された。

　①空気を温めたら，空気が逃げるから。（11人）

　②空気を温めたら，空気が上にのぼるから。（9人）

　③空気を温めたら，空気が増えるから。（1人）

　④空気を温めたら，空気が伸びたり膨らんだりするから。（9人）

▨ どの意見に賛成か話し合わせる

> どの意見に賛成ですか。理由をノートに書きなさい。

　自由に意見を言わせた。

　いちばん多くの子が「空気は熱いところから逃げるのだ」と主張した。

　1人だけ，「空気の粒が増える」という子がいた。この子は，温めると空気自体が増えると考えた。

　これは，実は確かめようがない。空気中で，空気の重さを量ることはできないうえに，空気の重さが微少すぎて，検証が難しいためだ。

　そこで私から，ものが何もないところから増えるというのは，普通は起きないことを説明した。（ただし，このあと行う「水の実験」で，水自体が増えたわけではないことを明らかにする。）

VIII

ものの体積と温度

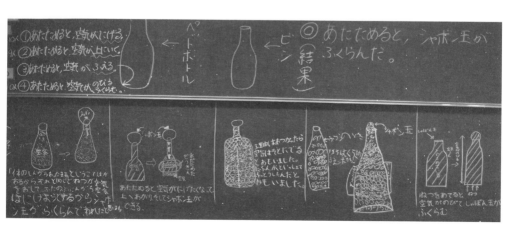

空気がなぜ膨らんだのかを実験で確かめる

▓ 確かめるための実験方法を考えさせる

　意見を交換させていると,「①空気が逃げる」という意見がいちばん多くなった。

「確かめる方法で, 何かよい方法はありませんか。」

　正確な確かめの方法は, 子どもからはなかなか出ない。教師が, 一発でわかる実験方法を示せばよい。

　ただ,「確かめるための実験方法は自分で考えるのだ」という意識をもたせるために, 一度子どもに尋ねておくのが大切である。

▓ 空気が上にのぼったから膨らんだのか

　まず,「②空気が上にのぼる」という意見を確かめた。

　これは, 試験管を下向きにすれば確かめられる。もし空気が上にのぼって膨らんだのなら, 試験管を下に向けていれば膨らまないはずである。

　やってみると, 下向きでも膨らんだ。

「じゃあ, 温められると空気が上にのぼったから, というのは違うな……。」

▓ 空気が逃げたから膨らんだのか

　次に,「①空気が逃げる」という意見を確かめた。

　両側に穴があいている筒を使う。この筒の両側にシャボン液をつける。そして, 片側に熱い雑巾を置く。もし, 熱い雑巾から空気が逃げるのなら, 反対側でシャボン玉が膨らむはずである。

　教師が実験する前に, 子どもたちの予想を尋ねた。

　子どもたちの予想のほとんどは,「雑巾のない方だけが膨らむ」であった。

　試すと, 両方が同じぐらい膨らんだ。

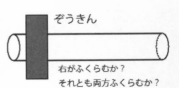

ぞうきん

右がふくらむか?
それとも両方ふくらむか?

もう一つ実験をやってみせた。

フラスコの口に近いところに，熱い雑巾を置く。もし，熱い雑巾から空気が逃げるのなら，シャボン玉は膨らまないはずである。わざわざ口の方に空気が来ないからだ。

しかし結果は，フラスコの口でシャボン液が大きく膨らむ。「空気は熱いところから逃げるから，シャボン液が膨らむ」という意見も違うことになった。

▨ 空気が伸びたり膨らんだりしたから膨らんだのか

次に「④空気が伸びたり膨らんだりする」という意見を確かめた。これを確かめるために，マヨネーズの容器を用意した。

冷やすと，体積は減る。

温めると，元の状態に戻る。

「では，膨らむかどうか見ていきましょう。」

ポイントは，空気を入れて膨らませておいたマヨネーズの容器を，冷やしておくことである。冷やしておくと，温めた時に急激に元に戻る。

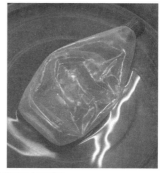

空気は温められると膨らむことがわかった。

「シャボン玉が大きくなったのは，『④空気が伸びたり膨らんだりするから』というのが理由です。」

最後に，フラスコは，縦にしても横にしても，どこに向けてもシャボン液は膨らむことを実験して見せた。

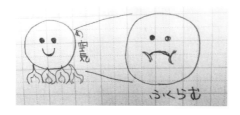

空気を冷やすと縮むのか

▨空気を冷やすとどうなる？

「空気を温めると，膨らみました。それを見て，こんな疑問を言った人がいました。」

> 空気を冷やすと，縮むのでしょうか。

「縮む」と答えた子が，多かった。

「今日は，空気の温度を変えて，空気が膨らんだり縮んだりするのかを調べます。」

目印として，ガラス管の中に水を入れた。水の上下で，空気が膨らんだか縮んだかを判断するためである。

湯と氷水を用意させた。理科室は，湯が出るようになっているし，氷もある。子どもたちが用意できるようになっている。

152

▓▓ 実験をやって見せてから子どもに任す

　最初にやり方をやってみせた。そして，自由に実験させた。ポイントは，「試験管の長さを長くしておくこと」，「できるだけ大きな試験管を使うこと」である。長くて大きいほうが，変化がよくわかるからだ。

　毎年この実験は，子どもたちの歓声があがる。視覚的に，空気が膨らんだり縮んだりするのがよくわかるからだ。

　子どもたちの主な気付きは次の通り。

　　①試験管を温めたり冷やしたりすると，ガラス管の中の水がエレベーターのように動いた。

　　②お湯が熱ければ熱いほど，ガラス管の水が一気に上にのぼった。

　　③空気を温めると膨らむ。空気を冷やすと縮む。

第5時

水を温めると膨らむのか

▓▓ 実験前に結果を予想させる

　空気は，温めると膨らみ，冷やすと縮むことを思い出させて，尋ねた。

> 水は，温めると膨らむでしょうか。

　「膨らまない」と考えた子が多かった。

▓▓ 実験方法を教科書で確認させる

　実験方法は教科書に書いてある。そこで，教科書を音読した。前回の実験とほとんど同じ方法である。

　ノートに，実験方法と注意点を書かせた。この実験のポイントは，空気の時とまったく同じ実験器具で実験をすることである。そうすれば，空気と水で膨張率が違うことに子どもが気付けるからだ。

▨実験で確かめさせる

　子どもたちは，お湯で温めたり，氷水で冷やしたりして，水の体積の変化を調べた。

　結果は，「水は，温めると膨らみ，冷やすと縮む」である。水が膨らんだり縮んだりする結果が出たことに，子どもたちは驚いた。「本当か？」と，何度も何度も実験で確かめていた。

▨空気と比較させる

　「空気と同じところは何ですか。」

　温めると膨らむところである。

　「空気と違うところは何ですか。」

　これは2つある。

　「温めても，あまり膨らまないところ」と，「ゆっくり膨らむところ」である。

　子どもは次のようにまとめた。「水はお湯に入れると膨らみ，氷水に入れると縮む。また，空気は一気に膨らむけど，水は少しずつ膨らむ。空気と水は，膨らんだ時の体積が違う。」

　最後に，温度計には，温めると膨らむ性質の液が入っていることを教えた。

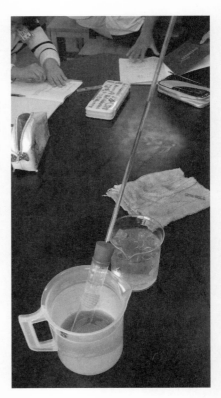

水の重さはどうなっているか

▦ 水は温めると増えたのか

「空気を温めると膨らみました。つまり，体積が大きくなりました。

　水も，温めると膨らみました。つまり，体積が大きくなりました。」

> 水は，温めると膨らむので，重くなるのでしょうか？

　　①重くなる。（6人）

　　②ほんの少し重くなる。（5人）

　　③変わらない。（19人）

　　④その他（「軽くなる」など。）

▦ 実験で確かめさせる

　実験方法を示した。

　　①瓶に水を入れる。（水の位置に印をつける。）

　　②瓶のまわりをふいてから，重さを量る。

　　③瓶ごとお湯で温める。

　　④瓶のまわりをふいてから，重さを量る。

155

VIII
ものの体積と温度

ポイントは,「200mL 以上の, なるべく大きな瓶を使うこと」である。大きな瓶でないと, 誤差が出てきて, 重さが変わることもあるからだ。

また, 瓶の上のほうまで水を入れることもポイントだ。そうしないと, 水がどれぐらい膨らんだのかがわかりにくいからである。瓶は, 口に近付くと細くなるので, 体積が大きくなった時の変化がわかりやすい。

瓶を湯につけてから, 5分ほどたつと, 5mm ほど上昇する。

重さは, 電子天秤で測定する。温める前と後で, 重さはまったく変わらない。子どもたちは, 結構この事実に驚く。

つまり, 水が増えたわけではなくて, ただ膨らんだだけということがわかる。これは, 空気の時と同じである。この実験をして初めて, 空気についても「空気自体が増えたから膨らんだのだ」という意見が誤りであることを教えることができる。

ちなみに, スポイトを使って元の位置まで水を減らすと, 軽くなる。体積が大きくなっているだけで, 別に物質が増えたわけではないのである。

これは, 子どもにとっては不思議なことであったらしい。「帰ったら飲み物を温めて増やしてみよう!」と言っている子が多かった。

第7時

アルコールランプの使い方を知る

▨ マッチの使い方をマスターさせる

マッチの使い方を教えた。マッチに火をつけて, 5秒間持つことができたら合格である。

まず, 教師がマッチで火をつけてお手本を見せる。次に, ポイントを説明する。それから, 子どもにやらせてみる。できていたらほめる。できていないところは助言をしていく。

これで, 全員がマッチを5秒間持つことができるようになった。

次は, アルコールランプの使い方を教える。初めてのアルコールランプである。

156

アルコールランプの使い方の見本を見せる

> アルコールランプの使い方を身につけましょう。

　まず，使い方のお手本を教師がやってみせる。次に，教科書で使い方を確認し，注意点を板書する。子どもはノートに写す。

　　①アルコールを八分めまで入れておくこと。

　　②アルコールが半分以下になったら，補充すること。

　　③ぬれ雑巾を用意しておくこと。

　そして，子どもたちにさせてみる。できていないところは助言していく。

　教え方は，マッチの時と同じ手順である。

パフォーマンステスト

　時間があれば，最後にパフォーマンステストを行うとよい。次のように進める。

　　①自信のある子を班で1人，代表者として選出させる。

　　②教師は，代表者を1人ずつ評定していく。

　　③代表者は，10点満点で合格したら，ミニ先生になれる。

　　　ミニ先生は，班の人を評定することができる。

　　　不合格の場合には，何が足りなかったかを助言し，別の代表者と交代させる。

　　④班の中で全員が合格するまでやる。

　つまりは，自信のある子が，教師のテストを受けるのである。

　テストを受けない他の子は何をしているかというと，何度も練習をしているのである。

　これで空白の時間は生じない。

　教師は，班の代表者のパフォーマンスを見て，合格か不合格を伝える。合格したら，代表者は「ミニ先生」として，班員の合否を判定できるようになる。

評定のポイントは，例えば次の点である。

 ①最初に，ひもの長さを確認したか。アルコールの量を確認したか。

 ②火を横からつけているか。

 ③火が消えたあとで，一度蓋をとってから，もう一度蓋を閉めているか。

このような細かな点を見ていく。

不合格になった子には，「ここが足りなかったよ。」と助言するとよい。合格した子は，まだ合格していない子を評定しに行く。

第8時

金属を温めると膨らむのか

他にどんな物が膨らみそうか

「空気も水も温めると膨らみました。他にどんなものが膨らみそうですか。」

「金属はどうなんだろう？」とある子がつぶやいた。

「金属は無理だろう。」などと言うつぶやきも聞こえた。

ここで金属とはどんなものかを確認した。

金，銀，銅，鉄，アルミ，プラチナ，ニッケル，鉛などである。

> 金属を温めると，膨らみますか。

「さすがに，金属が膨らんだら困るよね。」

と声がした。もし金属が膨らむなら，家の鍋も毎日膨らんでいることになる。お風呂も膨らんでいることになる。

「ランドセルの金具も，キーホルダーも膨らむ？……そんな馬鹿な！」

と子どもたち。

158

実験で確かめさせる

さっそく確かめの実験を行った。教科書通りに行う。

まず，実験方法をやってみせた。アルコールランプで金属を熱して調べる。

金属の球と輪を準備して，2つの実験を行った。輪は，球の通るものと球の通らないものとを準備する。

①球を温めて，大きな輪を通るかどうか，調べる。

②小さな輪を温めて，球が通るかどうか，調べる。

温めた球が輪を通過しなくなったら，球が膨らんだということ。温めた輪を球が通過できたら，輪が膨らんだということになる。

これも，子どもから歓声があがった。

金属は膨らまないと思っていた子が多かったからだ。

生活場面でこの知識がどう生かされているかを教える

橋やレールでは，夏には温められるため，金属の部分が少し離れていることを教えた。

「水と空気と比べて，金属の膨らみ方は，何が違いますか。」

「金属は，水や空気と比べて，あまり大きくは変わらない。」

という答えが返ってきた。

IX
水のすがたとゆくえ

全部見せます

小4理科授業

Ⅸ　水のすがたとゆくえ

　本単元で学習する内容は，非常に多い。そして，子どもが混乱しやすい内容を含んでいる。

　例えば，「沸騰したときに出る泡が何か？」は，大人でも忘れている人がいるのではないかと思える。

　また，「湯気は，気体だ。」のような勘ちがいも少なくないと思われる。

　さらに本単元では，用語が数多く出てくる。「湯気」，「水蒸気」，「蒸発」，「沸騰」などである。これらの用語の違いを理解させるのが，なかなか難しい。勉強の苦手な子の中には，用語が覚えられなくて困る子もいる。

　そこで，できるだけ実験を自分でやってみて，実感をもって理解できるようにしてやりたい。

　また，繰り返し復習を行うことも大切だ。

　例えば，用語の意味を何度も尋ねる。蒸発や凝固の現象で，何が起きたかを，問題を解かせて確認する。このように，復習する時間を何度もとることで，記憶できるようにしていきたい。

　図や絵でイメージをもたせて理解させることも大切である。

　そのため，実際に現象を見せたあとで，何が起きていたのかを絵や図で示すようにした。

習得させたい知識

1　水は，温度が変化すると，水蒸気や氷に変わること。
2　水が氷になると，体積が増えること。
3　水以外のものも，温度の変化によって，液体，気体，固体に状態が変わること。

習得させたい技能

1　水の状態変化と温度の変化を，表やグラフにまとめることができる。
2　日なたと日陰を比べながら，蒸発の仕方を調べることができる。
3　温度計を正しく使い，読み取ることができる。
4　物の状態変化と，温度とを関係付けて考えることができる。

単元実施計画

時　間	学習内容と指導方法の重点【習得・活用・探究】
第1～2時	【習得】水を温めるとどう変化するか
第3～4時	【習得】水の中から出てくる泡は何か
第5時	【習得】水を温めるとどうなるかをまとめる
第6～7時	【活用】水を冷やすとどうなるか
第8時	【習得】水は自然に蒸発しているのか
第9時	【探究】水は何度ぐらいで蒸発するか
第10時	【習得】空気中の水蒸気を水に戻そう
第11時	【探究】ろうそくは温度によって変化するか
第12時	【活用】総復習を行う

水を温めるとどう変化するか

🔲 水はどこにあるか

「地球は，水の惑星とも言われます。水はどこにありますか。」

　山，海，川，湖，池，水たまり，地下，雲，雨，雪，ひょう，あられ，霧，つらら，霜，生き物などが出された。

「水は，どんな姿に変わっていますか。」

　固い物，ふわふわしているもの，液体という答えが返ってきた。

「水の姿を変えるには，どうすればよいですか。」

　温度を変える，という意見が出た。

「では，水を温めることから始めましょう。」

🔲 水を温めるとどうなるか

「水を温めたことがある人？　何で温めましたか？」

　ガスコンロ，お風呂など。

「水を温めるとどうなりましたか？」

　自由に発表させた。これで，どれぐらい知っているのかを把握できる。

「温めると，最高の温度はどれぐらいまでいきますか。」

　これはあまり知らない子が多かった。

🔲 実験方法を示す

「水を熱すると，どうなるのでしょうか。実験で調べます。温度も調べましょう。」

　まず私が実験をしてみせた。ここで，実験器具の使い方やセットの仕方を教えておく。アルコールランプではなく，電熱器を使った。アルコールランプは，残量をこまめにチェックしておかないと，危険である。長時間水を温める実験には向いていない。注意点として，「温度計の先がビーカーに直接触れないようにしなさい。」と伝えた。

ストップウォッチで1分ごとの温度変化を確かめる。ポイントは，温度が変わらなくなっても，しばらく温め続けることである。温度が100℃近くからほとんど変化しないことがわかるからだ。水が飛び散らないために，石（沸騰石）を入れておくことも説明した。

100mLのビーカーに，70mL程度の水を入れる。水面の位置に印をつけておくとよい。水が減ったことに気付かせるためである。

「今見た実験方法を，見開き2ページでノートに書きなさい。」
「方法が書けたら，準備物を全て書きなさい。」

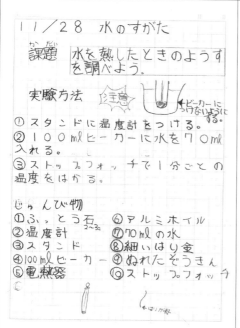

11/28　水のすがた

課題　水を熱したときのようすを調べよう。

実験方法　注意

①スタンドに温度計をつける。
②100mlビーカーに水を70ml入れる。
③ストップウォッチで1分ごとの温度をはかる。

じゅんび物
①ふっとう石 2〜3こ　⑥アルミホイル
②温度計　⑦70mlの水
③スタンド　⑧細いはり金
④100mlビーカー　⑨ぬれたぞうきん
⑤電熱器　⑩ストップウォッチ

結果
0	08℃	5	53℃	10	92℃
1	10℃	6	62℃	11	92℃
2	21℃	7	73℃	12	92.5℃
3	33℃	8	82℃	13	93℃
4	43℃	9	91℃	14	93℃

気付いた事
1〜2分
①小さなあわみたいなのがある。石にもついている。
②7分になったら石がおどり出した。
③8分になったら，けむりが出て来た。石からぶくぶくが出て来た。
④100度までしか上がらない

けつろん
100℃以上は，温度はかわらない事がわかった

165

▩ 煙の正体を確かめさせる

　途中，湯気が出てきたので，尋ねた。

「この煙はいったい何ですか。」

　子どもたちは，「湯気」，「水」と答えた。

「煙の正体が水かどうか，スプーンを近づけて調べてごらんなさい。」

　吹き出し口に，スプーンを近づけてみる。スプーンには大量の水がつく。やっぱり煙の正体は水であることがわかった。

▩ 実験をして気付いたことを書かせる

　次のような気付きが子どもから出された。

　　① 80℃で，煙が少し出てきた。

　　② 97℃までしか温度が上がらなかった。

　　③ 泡がボコボコ出てきた。

　　④ 2分後の20℃で，小さな泡が出てきた。

　　⑤ 50℃ぐらいで，ビーカーが曇ってきた。

　　⑥ 水は70mLから40mLに減った。

　　⑦ 湯気が出るたびに，水が少なくなっている。

　　⑧ ボコボコと湯気が出ていて，湯気は消えていった。

　　⑨ ボコボコとしているのは，空気なのか？　何なのか？

　　⑩ 100℃近くで霧みたいなのが出てきたけれど，それは上の方にのぼっていって消えた

　水は100℃で沸騰するが，山の上では，少し低い温度で沸騰することを教えた。

　子どもたちが問題としたのは，次のことだった。

「ボコボコとして出てくる泡は，空気なのか？」

　「空気だ」と主張する子は，「空気だったら，ビーカーを覆うアルミホイルの穴の近くに物を置くと，パタパタと動くはず」と考えた。だが，穴のそばに別のアルミホイルを置いても，動かない。

「変だな。空気ではないのか？」とつぶやいていた。

水の中から出てくる泡は何か

▣ 泡の正体を予想させる

「水を温めると,煙と泡が出てきました。煙の正体は,水でした。今日は,泡の正体を調べます。」

> この泡は何ですか。予想して,ノートに書きなさい。

「空気」と考える子がほとんどであった。

▣ 教科書通りの実験

ここからは,教科書通りの実験をした。

ビーカーに 50mL の水を入れる。ビーカーの中に,ろうとを入れる。そして,ろうとの先にビニール袋をつける。

この一連の作業を,最初に私がやってみせた。

「もし空気なら,ビニール袋が膨らむはずですね。確かめましょう。」

それぞれの班ごとに実験道具を準備させた。一度教師の見本実験を見ているので,すぐに準備ができる。

▣ ビニール袋は膨らむか

子どもの予想通り,ビニール袋はどんどん膨らんでいく。

ところが,である。膨らむのだが,パンパンに膨らむことはない。膨らんだり,へこんだりしている。そしてよく観察してみると,ビニール袋の中に水滴がたくさんついている。

しばらくしても,ビニール袋は心臓のように,膨らんだりへこんだりしている。そして,袋の中に水がどんどんたまっていく。

167

🖾 実験結果を解釈させる

このビニール袋の現象は，何を意味しているのか。

子どもの意見は2つに分かれた。「ビニール袋が膨らんでいる。だから，これは空気が入ったのだ。」「ビニール袋は，へこんでしまって，なかなか膨らまない。ということは，空気ではないのではないか？」

ここで指示した。

「電熱器の電気を切りなさい。」

電熱器のよいところは，余熱でしばらくは温かいところである。電熱器を切っても，まだ余熱で沸騰し続ける。泡が出ている状態である。しかし，ビニール袋は急激にしぼんでいく。

この事実に子どもたちは驚いた。

つまり，これは空気ではないということだ。空気なら，ビニール袋がパンパンに膨れるはずだからだ。電熱器を切ると，まだ余熱で沸騰しているにもかかわらず，ビニール袋がしぼむ。これは，空気ではない証拠である。それに，袋に大量の水がたまることも，空気ではない理由だ。

水蒸気になると，体積は膨大に増える。ところが，水蒸気から水に戻ると，体積は一気に減る。だから，膨らんだりへこんだりを繰り返しているわけである。

🖾 何が起きていたのかを解説する

ここで解説した。

「この泡は，水が気体になったものです。気体というのは，ガスのようなものです。水がガスになったのです。水が気体になるのを見せます。」

温めておいた蒸発皿に，水を数滴入れる。すると，すぐに沸騰して，気体になる。水を数滴たらして沸騰させ，瞬時に蒸発させるから，インパクトがある。

このように，水が気体に変わる瞬間を見せることが大切である。見せるとわかる。イメージができる。

「水が，空気の中に混じっていきましたね。液体の水は見えます。でも，気体に変化した水は，自由に動き回るガスになるので，もう見えません。」

これを絵にした。

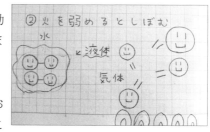

水が液体のときは，水どうしがお互いしっかりくっついている。ところが，これを温めると，気体になり，みんなが自由にバラバラに動き出す。

水が気体になったものを水蒸気と呼ぶことを教えた。

袋の中の水蒸気が，水に戻ったので，袋がしぼんだのだと説明した。

「水は温度によってすがたが変わる。温めると 100℃ぐらいで，気体になる。」とまとめた。

━━━ 第5時 ━━━

水を温めるとどうなるかをまとめる

📖 水の温度変化をグラフ化させる

沸騰させた時の水温の変化をグラフ化させた。グラフは，いつものようにタイトル，めもり，単位など，全てを最初からノートに書かせた。

「水を温めると何度まで上がるのですか。」
　100℃程度まで上がることを確認した。
「泡が出てきました。この状態を何と言いますか。」
　沸騰である。
「100℃からさらに温めると温度は上がりますか。」
　変化しない。

▦ 水の沸騰と蒸発を絵にしてイメージさせる

「前回起きた現象を，絵にします。」
　ここで黒板に絵を描いた。
　そして，水がどのように変化して
いるのかを考えさせた。
「泡は液体ですか。気体ですか。」
　気体である。
「煙は液体ですか。気体ですか。」
　液体である。これがまちがいやす
い。
「目に見えなくなった水は，液体
ですか。気体ですか。」
　気体である。
「気体になった水を何といいますか。」
　水蒸気である。
　ここで，「蒸発」という言葉を教えた。
「水が気体になることを蒸発と言います。」

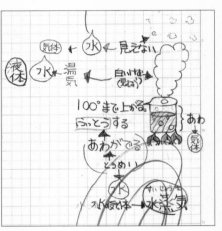

▦ 教科書の問題を解かせる

　ひと通り絵で説明してから，あとは教科書の問題を解かせた。水蒸気，
水，湯気，液体，気体などの言葉を入れていく問題である。
　一度黒板に似たような絵を描いているので，ほとんどの子が解くこ
とができた。

水を冷やすとどうなるか

🖼 実験前の予想

> 水を冷やすとどうなるでしょうか。

　最初にいくつか質問した。
「水を冷やすとどうなりますか。」
「氷になる。」という答えが返ってきた。
「氷になると，体積は増えますか。」
「減ると思う。」という意見が多かった。
「何度で氷になりますか。」
「マイナス1℃から2℃ぐらい。」と考える子が多かった。
「温度は何度まで下がりますか。」
　これは，「わからない。」と答える子が多かった。

🖼 実験方法を確認させる

　まず教科書を音読した。音読すると，なんとなく実験のイメージはわく。しかし，細部まではわからない。そこで，私が実験をしてみせた。

　注意点も言っていく。

- ・食塩の量を多めにすること。
- ・水の位置に印をつけておくこと。
- ・ストップウォッチで計ること。
- ・試験管を振って氷になったかを見ること。

なぜ食塩を混ぜるのかも説明した。濃い食塩水を使うと，マイナス20℃ぐらいまで下げることができる。

いちばんのポイントは，「試験管を振って刺激を与えること」である。静かに冷やすと，過冷却になる。マイナスになっても凍らないのだ。こまめに刺激を与えることで，過冷却を防ぐことができる。

ちなみに，温度計を入れているほうの試験管は，過冷却が起きにくい。温度計が刺激を与えるからである。

▨ 模範実験の後で，ノートに実験方法をまとめさせる

実験方法をやってみせたあとで，実験方法と準備物をノートに書かせた。教師実験を，頭の中で再現できるかがポイントである。

実験ノートは，いつものように見開き2ページに書かせた。慣れてきたので，子どもだけでもスイスイ書くことができる。

実験は役割分担する。4人班で実験をしているので，4つの係とした。

①計時係
②記録係
③水に刺激を与える係
④温度計を読む係

▨ 結果を共有させる

班ごとに結果を発表させた。過冷却になった班がいくつか出たが，うまくいった班が多かった。うまくいった班は，次のような結果になった。

・5分後に，マイナス1℃まで下がる。
・6分後に，0℃で凍り始める。15分までずっと0℃であった。
・15分後からマイナスになった。
・20分後にはマイナス7℃まで下がった。

ある子は言った。「全部凍るとは思わなかった。上から凍っていったよ。」

水が凍る温度は，0℃ということがわかった。そして試験管の水が全て氷になると，温度がマイナスへと下がり始めた。過冷却になった班は，刺激を与えると，一気に氷になる現象が起きていて，驚いていた。

いちばん標準的な班の結果を，グラフ化してノートに書かせた。0℃で凍り始める。そして，水が全て氷になったら，温度が下がっていく。
　氷になると，体積が増えることも確認した。
　氷は気体でもなく液体でもなく，固体と呼ぶことを教えた。

水は自然に蒸発しているのか

用語の復習をする

　用語を確認した。何度も確認しないと，曖昧になってしまう。
「水を温めると，ボコボコとわきたちます。これを何と言いますか。」
「沸騰です。」
「何度で沸騰しますか。」
「100℃です。」
「水が気体になったものを何といいますか。」
「水蒸気です。」
「水蒸気は，液体ですか，気体ですか。」
「気体です。」
「水は液体ですか。気体ですか。」
「液体です。」
「氷は何体ですか。」
「固体です。」
「何度で氷になるのですか。」
「0℃です。」
「液体の水が，気体の水になることを何といいますか。」
「蒸発です。」
「沸騰したときに出る泡は何ですか。」
「水蒸気です。」

173

🔲 水は自然に蒸発するか

「運動場に水たまりがありました。これが次の日になくなりました。どこへ行ったのですか。」

「どこかに流れた」という意見と「自然に蒸発した」という意見が出た。

> 水は，放っておいても蒸発して，気体になりますか？

①自然には蒸発しない。沸騰させないといけない。（20人）

②自然に蒸発する。（8人）

③場合によっては蒸発する。（2人）

「自然に蒸発する」と答えた子は，「運動場の水たまりがなくなったから」と答えた。

「場合によっては蒸発する」と答えた子は，次のように言った。

「洗濯物も，自然に乾いている。これは太陽の光が当たったからだ。ということは太陽の光に当てると，水が蒸発するのだろう。」

最終的な分布は次のようになった。

①自然には蒸発しない。沸騰させないといけない。（8人）

②自然に蒸発する。（20人）

③場合によっては（太陽の光に当てると）蒸発する。（2人）

実験で確かめさせる

　日なたと日陰の両方にビーカーを2つずつ置いて調べることにした。2つのうち1つは，ラップで覆った。ラップをすると，水の出入りがない。だから，水は減らないはずである。

　ラップをしたものと，していないものとを比べて，もし自然に水蒸気になるのなら，ラップをしないほうの水が減ることを説明した。3～4日後に結果を見る。

　しかし，1時間ぐらいで，すでにラップに水滴がついていた。
「もう水蒸気になったんじゃない？」
と，子どもたちは驚いていた。

第9時

水は何度ぐらいで蒸発するか

自然に蒸発することを確認する

　実験の結果を確認した。
　　①日なた：50mLから，30 mLに減った。
　　②日陰　：50mLから，40 mLに減った。

「気付いたことをノートに書きなさい。」
　①水は，放っておいても自然に蒸発する。
　②日なたのほうがたくさん蒸発した。
　③日なたのほうがたくさん蒸発したのは，暖かかったし，太陽が
　　当たっていたからだろう。
　④太陽の光がなくても蒸発する。

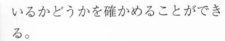 水は何度ぐらいで蒸発するか？

> 水は何度で蒸発しますか。自分の考えを書きなさい。

　0〜100℃の数直線を板書した。そして，どの時点で蒸発するか，挙
手で確認した。
　「30〜50℃ぐらいで蒸発する」と考えている子が多かった。日陰で
蒸発するのだから，20℃ぐらいと考えた子もいた。
　蒸発を見るための道具を紹介した。セロファンである。セロファンは，
かつおぶしのように，水分を吸うと動く性質がある。これで蒸発して

いるかどうかを確かめることができ
る。
　まず実験をやってみせた。
　500mL ビーカーに水を 300〜400mL
ほど入れる。
　ビーカーの上にガーゼをかぶせ
る。その上に，セロファンを置く。
　50℃ぐらいの水だと，湯気が出て
いるので，セロファンは激しく動く。
まさにかつおぶしのようである。

🔲 自由に追究させる

「では，もっと低い温度でも動くのでしょうか？ 確かめてごらんなさい。」

　子どもたちは温度計と氷を使って確かめた。

　10℃以下でも，自然に蒸発していることが観察できた。ただし，ゆっくりとしかセロファンが動かないので，よく観察しないとわからない。

　最後に，水が自然に蒸発している例をいくつか紹介した。

「髪の毛がぬれていても，ほうっておけば乾くよね。」

「冷凍庫から出した氷は，放っておくと，少しずつ小さくなるよね。」（これは昇華という。）

　水は，自然に蒸発するということが子どもにもわかったようだ。

参考文献

『図解 必ずうまくいく 理科の観察・実験 小学3・4年』 佐々木昭弘著 学事出版 2012

第10時

空気中の水蒸気を水に戻そう

🔲 水蒸気を水に戻す方法

> 空気の中にある見えない水，水蒸気をもとの水に戻します。
> どうやったら，水蒸気は水に戻りますか。

　答えは，「冷やす」である。これは，わかっている子どもも結構いた。

　ここで，冷やすと水に戻る例を，2つ見せた。

　窓に息を吐くと，水滴がつく。

　氷を入れた容器の上で息を吐くと，白い息が現れる。

「気体だった水が冷やされて，液体の水に戻ったということです。」

IX

水のすがたとゆくえ

▨ もっと冷やすとどうなるかを考えさせる

> もっと冷やすとどうなりますか。

　水蒸気から氷に変化する。

　これは，雪や霜ができるのと同じ原理である。ビーカーに水と氷，食塩を入れると，ビーカーのまわりに霜をつくることができる。

　3つのビーカーを用意した。

　　①普通の水が入っているビーカー

　　　→水滴はつかない。

　　②氷水の入っているビーカー

　　　→水滴がつく。

　　③食塩と氷水の入っているビーカー

　　　→霜ができる。

　霜ができたときには，あちこちから感動の声が起きていた。

▨ 水が循環していることを教える

　最後に，地球の中で水が循環していることを教えた。

　まず，絵を板書した。

　　・海が自然に蒸発している。

　　・水蒸気が冷やされて雲になる。

　　・雲から雨や雪が降ってくる。

　　・川になって，海に戻る。

　このようなサイクルがあることを教えた。

　黒板の絵で確認した後で，教科書の絵を見せた。

　子どもたちは，一度黒板で理解できているので，教科書の詳しい絵もよくわかったようだ。

ろうそくは温度によって変化するか

🔲 水の状態変化の復習

> 水は温度によって姿を変えます。当てはまる言葉を書きましょう。
>
> 氷 　　　 水 　　　（　　）
> 固体 　　（　）　　 気体

「何度で氷になりますか。」
「0℃です。」
「何度で水になりますか。」
「0℃より高い温度です。」
「何度で水蒸気になりますか。」
「100℃です。」
　温度によってすがたを変えていたことをおさえた。

🔲 ろうそくは変化するか

> ろうそくは，温度によって姿を変えますか？

　子どもの多くが，「液体にはなるけど，気体にはならない」と答えた。

　蒸発皿に，ろうそくをひとかけら入れて，電熱器で熱する実験を行った。

　熱すると，ろうは，みるみるうちに溶けていく。そして，完全に液体になる。ろうは，50℃から60℃で，液体になる。「溶けた！」「水みたい！」と子どもたち。

さて，問題は，気体になるかどうかである。子どもたちは，「蒸発するかな？」と興味津々であった。

しばらく熱し続けていると，3分ぐらいで，白い煙が出てきた。

煙が出るほど，液体の量が少なくなる。煙は，空気中に入り込んで見えなくなる。

実は，この白い煙が，気体となったろうである。

子どもたちは，「ろうそくも気体になった！」と驚いた。

全部蒸発させないで，煙が見えた段階で，電熱器のスイッチを切るよう指示した。

ここで私が解説した。

「ろうそくを吹き消すと，白い煙が出ます。あれは，ろうそくが気体になったものなのです。（ちなみに，この気体に火をつけると，燃える。）ろうそくも，液体になったり気体になったり，温度によって姿を変えるのです。蒸発皿を見てごらんなさい。温度が低くなったので，また固体のろうそくに戻っています。」

蒸発皿の中で，白いろうが固まっているのを観察させた。

子どもたちは，ろうが再び固体に戻ることを確認した。

🔳 その他の物も変化するか

「では，鉄はどうでしょうか。温度によって姿を変えますか。」

子どもたちは，「気体にはならないだろう」と答えた。

鉄も，気体になることを教えた。ただし，温度は3000℃近くまで上げないといけないことを教えた。

最後に，ろうそくや鉄が溶ける様子を紹介した映像を見せた。

「ものは，温度によって固体，液体，気体に姿を変える」ことを理解させることができた。

総復習を行う

▨ 教科書のまとめ問題を解かせる

教科書のまとめ問題と，まとめのプリントを解かせた。

ポイントは，一問一答式の問題だけでなく，論述問題も出すことである。

例えば，次のような論述問題を出す。

　①冬になると，窓ガラスの内側が曇っている。これはなぜか，説明しなさい。

　②水は自然に蒸発するという証拠を，例をあげて説明しなさい。

　③水を冷やし続けたときに，温度はどう変わるかを説明しなさい。

論述問題を解かせると，本当にわかっているのかどうかがよくわかる。

【コラム・発展問題】

　氷になると，体積が増える。

　ここをおさえたうえで，問う。

　「コップに氷と水が入っています。氷はたくさん入っています。氷が溶けると，水はあふれるでしょうか？」

　ポイントは，コップから少し氷が出るぐらいに，水を入れておくことである。

　氷が溶けても，水はあふれない。

　氷から液体になると，体積が減るからである。しかし，子どもたちは迷う。討論をさせるとおもしろい。

IX

水のすがたとゆくえ

X

ものの温まり方

全部見せます
小4理科授業

X　ものの温まり方

　疑問があると子どもは，自分であれこれ試して，解決したいと思う
ものである。

　問題は，どうやって子どもに疑問をもたせるか，だ。

　一つの方法として，「子どもがもっている素朴概念とは違った現象を
見せる」というやり方がある。授業の最初に，「あれっ，おかしいな？」
と子どもが思う現象を見せる。すると，子どもは自然に追究していく
ようになる。そこで，単元の最初には，子どもが疑問に思う実験を取
り入れるようにした。

　本単元の展開は，さまざま考えられる。

　「金属→水→空気」の順で展開している実践が多い。

　しかし本単元では，「水→金属→空気」の順で授業を展開した。

　水は上昇して全体が温まる。ところが，金属は近くから温まる。水
とは違っている。

　水のあとで，金属を調べることで，「金属も上が先に温まるのではな
いか？」と子どもたちは追究していく。

　そして空気を確かめさせる。近くから温まるか？　それとも上から
温まるか？　これは論争になるはずである。ストーブの近くが暖かい。
しかしストーブから上に空気が昇っている感じもする。子どもは迷う。
迷うと確かめたいという気持ちが生まれてくる。

184

習得させたい知識

1　金属は熱せられた部分から，順に温まっていくこと。

2　水や空気は，熱せられた部分が移動して全体が温まること。

3　水や空気は，熱せられた部分が上方に移動して全体が温まっていくこと。

習得させたい技能

1　疑問や調べたいことを見つけることができる。

2　実験結果や生活経験を基にして，自然現象のきまりを予想したり，仮説を考えたりすることができる。

3　予想や仮説を確かめるために，自分なりの方法で追究することができる。

4　空気と水，金属を比べながら，温まり方の違いを調べることができる。

単元実施計画

時　間	学習内容と指導方法の重点【習得・活用・探究】
第1～2時	【習得】水の温まり方を調べる
第3時	【活用】大きな容器で温めると水はどのように温まるか
第4時	【探究】さらに疑問を追究する
第5～6時	【活用】金属の温まり方を調べる
第7時	【活用】金属の板で温まり方を確かめる
第8～9時	【活用】空気の温まり方を自由に確かめる
第10時	【活用】空気の温まり方を目で見る
第11時	【活用】ものの温まり方の総まとめを行う

水の温まり方を調べる

☑ 疑問をもたせる

「ものの温まり方を勉強していきます。最初に，水がどのように温まるのかを調べます。」

> 試験管に水を入れます。これをアルコールランプで下から温めます。どこがお風呂以上に温まるでしょうか。

お風呂の温度は，40℃ぐらいだと教えた。

簡単に予想させ，教師がやってみせる。実験の前に，試験管の水の温度を測る。8℃であった。

試験管は中ぐらいの大きさのものを使う。1分も温めれば全体が十分温まる。

1分20秒後，温度計で確かめる。数値としてどれぐらい温度が変わったのかをとらえさせる。下から測定する。下55℃，まん中57℃，上57℃であった。つまり，全体がお風呂より温まっている。

「結果を，ノートに絵で描きなさい。40℃以上に温まったところを，赤くぬります。」

この場合は，全体が赤である。

> 次に，上を温めます。どこがお風呂ぐらい温まるでしょうか。

「予想を，班の人と見せ合ってごらんなさい。」

① 上だけ温まる（6人）

② まん中まで温まる（5人）

③ 全部温まる（19人）

これも実験を教師がやってみせる。最初の水温は8℃。また，1分20秒ぐらい温める。しばらくすると，上部が沸騰し始める。そして，温度を測定する。再び，温度の低い下から測る。

　子どもたちは「上の方が沸騰したのだから，全部温まったのだろう。」と考えていた。しかし，下は10℃。子どもたちからどよめきが起きた。まん中は22℃。そして上は70℃であった。上しか温まらないのである。「どこがお風呂以上に温まったか，赤鉛筆でぬりなさい。」

> 水はどのように温まるのでしょうか。自分の予想を書きなさい。

「水は温めたところから上だけが温まるのだろう。」
　このように考えた子が多かった。

☑自由に実験させる

　ここでサーモインクを紹介した。40℃で赤色になる水溶液である。「これは，お風呂の温度以上に温まると，赤く変化する液です。冷やすと青色に戻ります。では，水はどのように温まるのか。自由に実験して確かめてごらんなさい。沸騰したら危険なので，そこでやめてくださいね。」

☑気付いたことを書かせる

「気付いたことや疑問をノートに書きなさい。もし，こういった温まり方をするのではないか，と予想できたら，それも書きなさい。」
　　①どこを温めても，上が先に温まる。
　　②水が上がって，上の方から赤色に変わった。
　　③下はいつまでたっても温まらなかった。
　　④下を温めないと，全体は温まらない。
「赤い水が上に動いていた」と気付かない子が，6人ほどいた。明らかに赤い水がのぼっているのだが，意識しないと見えないのである。
　そこでこのあと，もっと大きなビーカーで，水の対流を観察させる実験を行うことにした。

☑ 疑問を発表させる

「疑問はありますか。」と問いかけると，次のものが出された。

①温められた水は上にあがるのか。
②全体はどのように温まるのか。
③下は温まらないのか。

第3時

大きな容器で温めると水はどのように温まるか

☑ 結果を予想し実験させる

「この青い液をビーカーに入れて，水がどのように温まるのか確かめましょう。」

300mL ビーカーにサーモインクを 200mL 入れる。そして，アルコールランプで，端を温める。

「ビーカーの水はどのように温まるか，予想してノートに書きなさい。」

予想を板書させた。子どもたちは矢印や色で予想を表現した。

X

ものの温まり方

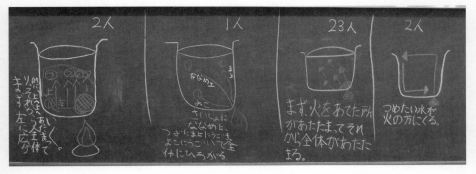

「端から温めてごらんなさい。」

　サーモインクを使うと水が上にのぼっていき，そして回転している様子がわかる。

　子どもは，見た現象を次のようにまとめた。

「温められた水が，上にのぼっていく。いちばん上まできたら，横に動く。そして冷たい青い水が下にさがる。つまり，回転して温かくなる。」

☑ さらに子どもの疑問を出させる

　子どもを見ていると，「冷やした時はどうなるのだろう？」などと自然に調べ始める。そこで，次のように問う。

「もう少し調べてみたいことはありませんか。」

　子どもたちは，「試験管の上を温めて全体を温めたい。」「試験管全体を一斉に温めたい。」「冷やすとどうなるか。」などと答えた。

　調べたい内容（目的）を発表した子には，「どうやって調べますか。」と方法を尋ねる。

　やってみたい実験（方法）を発表した子には，「それで何を確かめるのですか。」と目的を尋ねるとよい。方法や目的を明らかにしておくことで，調べる価値のある実験だけが残っていく。

第4時

さらに疑問を追究する

☑ 子どもの疑問を調べさせる

　前回出ていた疑問を，実験で調べさせた。「時間をかけて温めれば全体が温まるか。」と，「全体をお湯で温めるとどうなるか。」を調べている子が大半であった。全体をお湯で温める実験は盛り上がった。やはり上から温まっていくのである。

189

☑️結果を検討させる

試験管のまん中より上を長い時間温めても，試験管の下はどうしても温かくならなかった。その理由を子どもに考えさせた。

○狭い試験管の中では，いつも温かい水がのぼっているから，うまく回転できない。

○回転しようにも，試験管が狭くて回転できない。温かい水が横に移動できないし，冷たい水が下に行けない。

第5〜6時

金属の温まり方を調べる

☑️水の温まり方を思い出させる

水はどのように温まったか，確認した。

「下を温めると，全体が温まった。」

「上だけ温めると，下は温まらなかった。」

「試験管だと，上だけ温まったけど，ビーカーでやると，温められた水がのぼって，冷たい水が下におりて，ぐるぐる回転して温まった。」

> **金属はどのように温まるでしょうか。**

「今日は，温まると赤くなる棒を使って確かめます。この棒をスタンドにつけて，アルコールランプで温めます。」

この棒には，色が変わる温度計「サーモシート」が貼ってある。

「とっても熱くなりますから，触ってはいけません。」

ものの温まり方

X

☑ 実験方法を考えさせる

> 金属の温まり方を調べます。どうやって調べますか。
> ノートに実験方法を考えて，絵を描いてごらんなさい。

　実験方法だけに限定して尋ねる。考える時間は，5分〜10分。一人一人に発表させる。絵で描かせるのがよい。

　棒を斜めにしてみるとか，垂直に立ててみるといった案が出るだろう。

☑ 結果を予想し実験させる

> 自分の予想を書いてごらんなさい。

　水と同じように温まると考えている子が10人，金属は水と同じではないと考えている子が20人であった。

「予想が書けた人から実験を始めなさい。時間がある人は，いろいろと試してもよいです。実験中に，これも確かめてみたいな，という方法があったら，ノートにメモして確かめてごらんなさい。」

　金属の棒を水で冷やせば，何度でも確かめることができる。

　シールが熱にやられて反応しなくなったら，そのつど替えてやった。

☑ 結果をまとめさせる

「結果は絵で描きます。どこから温まったかを矢印や色で表しなさい。」
「わかったこと，気付いたこと，思ったことをノートに書きなさい。」
　書けた子から発表させた。

①水と違って，上を温めたら，下も温まった。

②棒を水平にしてまん中を温めると，左右が同時に温まって，外
　へ外へと温まった。

③棒を斜めにしてまん中を温めても，左右が同時に温まって，外
　へ外へと温まった。

④端を温めると，遠いところまではなかなか温まらなかった。

⑤どの方法でやっても，温めたところから順番に温まった。

第7時

金属の板で温まり方を確かめる

☑実験方法を考えさせる

「金属の温まり方を確かめましょう。四角の板とコの字型の板にろう
をぬって，どこから溶けるかを試します。」

　どんな実験をしたら金属の温まり方がわかるか，絵を描きなさい。

端を温めたり，中心を温めたりする方法が出るはずである。

☑結果を予想し実験させる

　前回の実験でわかった通り，「温めたところから順番に温まる」とい
う予想を全員がした。

　学習した知識を活用して，実験結果の予想を立てることができていた。

　予想が書けた班から，実験を始めさせた。

「どの実験からするかについては，班で話し合って決めなさい。」

　ろうを温めると，視覚的に「円心状に温まる」のがよくわかる。

☑気付いたことを書かせる

「わかったこと，気付いたこと，思ったことを書きなさい。」

①温めたところから，丸く広がっ
　て温まっていった。

②端を温めても，まん中を温めて
　も，どこを温めても，中心から
　丸く広がって温まっていった。

③大きな金属で確かめても，水と
　は温まり方が違っていた。温め
　たところからじわっと温まって
　いく。

④金属は，温めたところから丸く順に温まっていく。

⑤金属は順に近いところから温まる。

⑥温めたところが，丸く広がっていき，やがて全体に広がる。

⑦金属は，温める金属の形に沿って，円が広がるように温まる。

空気の温まり方を自由に確かめる

✍ 水と金属の温まり方を思い出させる

「水はどのように温まりましたか。」

「温められた水が上にのぼって，全体が温まりました。」

「金属はどのように温まりましたか。」

　これは，いくつか出た。

「温めたところから順番に，丸い形で温まる。」

「棒の場合だと，左右両方同時に温まり始める。」

「水と違って，上からではなく順番に温まる。」

「ひと言で言うと，どういう温まり方をしていますか。」

　子どもたちは名前をつけた。

　　①水　→「上にのぼって温まる型」

　　②金属→「順番に丸く温まる型」

193

☑ 空気の温まり方を予想させる

「では，空気はどのように温まりますか。」

　ここで，「ストーブで今，この教室の空気が温まっているよね。」と
ヒントを出した。

　　　①水と同じ「上にのぼって温まる型」（6人）

　　　②金属と同じ「順番に丸く温まる型」（11人）

　　　③水と金属とも違う，別の温まり方（12人）

☑ 実験方法を考えさせる

「空気の温まり方を調べます。プラスチックの入れ物に，サーモシート
を貼った黒い紙が入っています。ここに，小さなストーブを入れて確か
めます。ストーブをどこに入れますか。自分で絵を描いてごらんなさい。」

　端やまん中を温める方法が出るはずである。

☑ 結果を予想させる

「仮に，まん中の下を温めるとします。どのように温まるか。絵を描
いてごらんなさい。」

　子どもの予想図を，いくつか紹介した。

　金属と同じと考えた子は，円を描きながら温かくなる絵を描いた。

　水と同じと考えた子は，上にのぼって温まる絵を描いた。

　金属と水を合わせたような形を描く子もいた。

　また，下からだんだんと温まると考える子もいた。

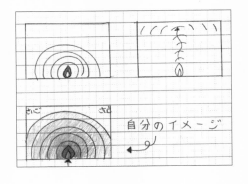

☑ サーモシート入り容器で確かめさせる

「予想が書けた班から，実験を始めなさい。」

100円ショップなどで売られている安い透明ケースを使う。それに，14℃から34℃まで測れるサーモシートが貼られた紙を入れる。サーモシートは，数字が出てくるというすぐれもの。それが，上下左右まん中と，7枚貼ってある。

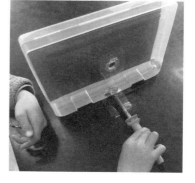

熱源は，はんだごてを使った。すぐに空気が温まるからである。

透明ケースに穴をあけて，蓋をしてある。蓋を開けてはんだごてを入れると，すぐに空気が温められて，温度変化が見える。

子どもたちは，目を輝かせて実験を行っていた。

結果は，温度を数字で書かせた。そして，その数字から，空気の温まり方を解釈させた。

☑ 気付いたことを書かせる

「わかったこと，気付いたこと，思ったことを書きなさい。」

①最初に温められた空気が上にいく。そして回って下にくる。

②いちばん上が温かい。下は冷たい。下はなかなか温まらない。

③水と一緒で，温かい空気は上にのぼっていた。上から温まった。

④温まると空気が動くことがわかった。

⑤温まったところから，右へ行ったり左へ行ったりする。

⑥上の方ほど温度は高く，下の方ほど温度は低い。

⑦水を温めると上に行っていたし，空気も温めると上に行っている気がする。

⑧温めたところから，空気は上に行き，両側に分かれて，下に行く。

⑨上，まん中，下の順番で温まる。

⑩下を温めても，上から温まる。

195

空気の温まり方を目で見る

✍ 空気の動きを線香の煙で確認させる

「線香の煙を入れて，温められた空気の動きを確かめましょう。」

　ちなみに，線香の煙を入れても，容器の中の温度はそこまで変化しない。14℃から34℃の温度域のサーモシートなので，14℃のままである。

　十分に煙を充満させる。ケースの隙間から煙が出ないように，セロハンテープで止めておく。そして，十分に温まったはんだごてを入れる。すると，煙がものすごい勢いでのぼっていく。

　子どもたちは，この現象に驚きの声をあげた。

　子どもたちの予想通り，温められた空気はのぼっていった。そして，いちばん上の箱の角にあたったら，横へ移動した。回転しているように見える。下にはなかなか移動しなかった。

　目に見えて，どうなっているのかがよくわかった。

✍ 気付いたことを書かせる

　次のような気付きが出された。

　　①回る速さは遅いと思っていたけど，びっくりするぐらい速かった。

　　②空気は水と同じ温まり方をする。温かい空気が上にのぼり，冷たい空気は下にいく。

　　③空気を温めたら，回転して，その出ているところに戻る。

　温度を測定するのと，煙の動きを見るのと，両方を同時にやる実践があるが，今回は，温度の変化で1時間の授業，煙の動きを見るので1時間の授業である。一時に一事のほうが子どもは実験結果に集中できる。

もの の温まり方の総まとめを行う

☑ 温かい空気が上にのぼることをバルーンで確かめる

「温かい空気を，ビニール袋に入れます。上にのぼりますか。」

　最初は小さなビニール袋に，ストーブの温かい空気をぱんぱんにつめる。ベランダに出て，手を離す。「浮きそう！」と子どもたち。ところが，ビニール袋の重みで，下に落ちてしまう。

「もっと軽くて，空気がたくさん入る大きなビニール袋でやってみましょう。」

　今度は，教材として売っている，大きな黒色のバルーンで確かめる。下敷きをうちわがわりにして，空気を送り込む。8割ぐらい入れたら，外に出る。天気のよい，風のない日にやる。

　運動場にバルーンを置く。しばらく放っておくと，どんどん中の空気が膨らんでくる。そして，少しずつバルーンが浮き上がってくる。子どもたちから「生き物のように動き出した！」と歓声があがる。

　やがて，放っておいても浮き始める。温められた空気は，やっぱり上にあがるのである。この実験は大変盛り上がる。

　教室に戻ってから，教科書にある「教室の温度の問題」を解かせた。

「教室をストーブで温めます。どこから温まりますか。理由も言いなさい。」

　実際に温度計で確かめさせる。小さな容器で確かめたときと全く同じような温まり方を教室でもしていることがわかる。

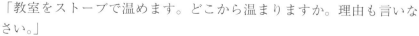

197

XI

雨水の行方と地面の様子

全部見せます
小4理科授業

XI　雨水の行方と地面の様子

　4年生では，「仮説を発想する力」を高めることが目標となっている。
仮説と実験方法はセットである。

　仮説を考えることで，その仮説を確かめる方法を思いつくことがで
きる。

　ただし，子供の場合，反対の場合もある。

　こんなことを確かめたいという「実験方法」を先に考える子もいる。

　その場合は，「その実験で何を確かめたいのかな？」と尋ねるとよい。

　すると，「○○が本当かどうかを調べたい」と答えが返ってくる。

　このように，子供がどういう仮説を発想しているのかを，確かめる
時間をとりたい。

　ただし，仮説を発想するには，情報や体験の蓄積が必要である。

　そこで，しっかりと雨水の行方や地面を観察させる時間をとりたい。

　なお，本単元の学習内容は，第5学年「流れる水の働きと土地の変化」，
第6学年「土地のつくりと変化」につながっている。

　これまでの4学年では，雨水が「自然蒸発」することは学ばせていた。
この単元では，「流れる」，「しみ込む」ことも学ばせる必要がある。

　難しいのは，低い場所へ水が「集まる」という知識を「実感をもっ
て理解させること」である。これは防災学習につながる大切な知識で
ある。

　また，4学年で体験させておきたいのが，「土はいろいろな粒から成
り立っていること」である。そうしないと，6学年で岩石を見ても，そ
れがいろいろな粒（鉱物）の集まりだと子供は思えない。

　土を触らせる中で，粒という概念をきちんと教えておきたい。

1 水は，高い場所から低い場所へと流れ，集まること。
2 土の粒の大きさによって，水のしみ込み方に違いがあること。

■ 習得させたい技能 ■

1 水のしみ込み方の違いを調べる中で，疑問や調べたいことを見つけることができる。
2 さまざまな現象を関係づけることで，自然のきまりを予想することができる。
3 自分の疑問について自分なりの実験方法を考えて確かめることができる。

■ 単元実施計画 ■

時　間	学習内容と指導方法の重点
第 1 時	【習得】雨水の行方を調べる
第 2 ～ 3 時	【習得】雨水のたまりやすい場所の特徴を探る
第 4 時	【習得】地面の傾きによる水の流れを調べる
第 5 時	【習得】土の違いを調べる
第 6 ～ 7 時	【探究】土の粒の大きさによる水のしみ込み方の違いを調べる
第 8 時	【活用】できるだけ深い水たまりを探す
第 9 時	【活用】雨のあとの災害の様子から，洪水対策を考える

XI
雨水の行方と地面の様子

雨水の行方を調べる

🌧 雨水の行方を予想させる

> 雨が降っています。雨水は，地面に落ちた後，どこに行くのですか。

　まずは，雨水の行方を予想させる。予想させることで，子供の生活経験や認識が確認できる。さらに，この単元が「雨水がどこに行くのか」を探る学習だと意識付けることができる。
「雨水は，地面にしみ込む」
「雨水はどこかに流れていく」
　どちらも正しい予想である。最初なので，正解は示さず，生活体験を根拠に，いろいろと予想をさせるだけでよい。

🌧 たっぷりと観察の時間をとる

> これからみんなで，雨水の行方を探っていきます。
> 校庭に行って，雨水がどこに行くのか見てみましょう。

実際に観察するとさまざまなことがわかる。

大きな水たまりができているところ，まったく水たまりができていないところがある。

そして，川のように勢いよく水が流れているところもある。

粗い砂利のところでは，雨水はしみ込んでいる。

「気付いたこと」や「ハテナ」,「もっと調べてみたいこと」があった人は，
ノートに書いておきましょう。

次の時間までに，子供のノートを読んでおく。

第2〜3時

雨水のたまりやすい場所の特徴を探る

🌧 特徴を予想させる

「今日も雨が降っています。前回，校庭には水たまりがありましたね。」

学校の校庭で，どんなところに水たまりができるのですか。

先の観察と，生活経験をもとに予想させる。

「低い場所」,「水がしみ込みにくいところ」という予想が出てくればしめたものである。

では，学校の校庭で，水たまりができにくいところはどこでしょうか。

比べるための発問である。「水たまりができやすい場所」と「水たまりができにくい場所」を比べさせる。

　問題意識をもたせるには,「生活経験とのズレを生じさせる」か,「比較によって違いに気付かせる」か,「意見の相違に焦点を当てる」のがよい。ここでは, 比較によって違いに気付かせ, 問題意識がもてるようにしていく。

⛆ 比較によって特徴に気付かせる

　水たまりができやすいところ, できにくいところを比較しながら観察させる。

　低い場所に水が集まっているはずである。また, 水のしみ込みにくい地面にも, 水たまりができている。

　反対に, 砂利（砂が混ざった小石の集まり）では, 水たまりはできていない。砂場にも, 水たまりはできていない。

　しかし, 泥などが混じった粒子の細かい土では, 水たまりができている。中庭の土でも, 水たまりができている。（ちなみに「土」とは, 細かな岩石の粒と生物の遺骸や腐敗物などからなるものである。）

　教室に帰って, 校庭の地図を配る。そして, 水たまりができているところとできていないところを地図に記入させる。地面の様子で, 気付いたことも地図に書かせておく。

🌧 発見を共有させ，仮説の発想へ導く

水たまりの観察の後で問う。

> 水たまりができているところとできていない場所がありました。
> 何が違いましたか。

水たまりができるところとできないところが生じる理由を考えさせる。

土を構成する粒子の大きさや，地面の傾きに気付いている子がいるはずである。その気付きに焦点を当てる。

> 「○○のところは，水たまりができやすい。」
> 「○○のところは，水たまりができにくい。」
> ○○の中に入る言葉を考えなさい。

仮説をつくらせる作業である。

これまでの体験で，地面の様子から仮説が出てくるだろう。

「低い場所だから水たまりができやすい。」「水がしみ込みやすい土だから，水たまりができにくい。」といった具合である。

次回から，これらの仮説を検証していくことを告げて授業を終える。

第4時

地面の傾きによる水の流れを調べる

🌧 子供の仮説を取り上げる

> 「低い場所だから水たまりができやすい」と答えた人がいました。
> 低い場所だと水たまりができやすい理由を言える人いますか。

「低い場所」→「水たまりができやすい」の関係を説明させるための発問である。「水は高い場所から低い場所に流れるから」「高い場所から水が集まってくるから」という理由が出るだろう。

🌧 子供の仮説を検証させる

> 今日も雨が降っています。
> 運動場の水が流れているところを探して，確かめてみましょう。

水の流れを観察させる。川のようになっているところが必ずあるはずである。ここで，「水は高い場所から低い場所に流れていること」を確認しておく。

> 流れの速い場所はありますか。

多くの学校では，運動場はおおむね水平になっているが，土入れを繰り返している場所は，高くなっているはずである。また，運動場には側溝があり，運動場の水が流れるようにしているはずである。

再度，「水は高い場所から低い場所に流れていること」を確認して授業を終わる。

土の違いを調べる

🌧 仮説を詳しく検討させる

　雨上がりの晴れた日に授業をするのがベストである。

　水たまりが少し残っている校庭にでかけ，土を触らせる活動を行う。

> もう一つ仮説を考えた人がいました。
> 「水がしみ込みやすい土だから，水たまりができにくい。」
> しみ込みやすい理由を言える人はいますか。

　地面を構成する土の粒子の大きさに注目させるための発問である。

　普通に考えると，「粒が大きい砂利は，水がしみ込みやすい」といった意見が出る。粒の大きさに注目した理由である。

　ただし，「森の土はしみ込みやすい」，「肥料のように柔らかい土はしみ込みやすい」という，粒子とは少し違った角度の理由が出ることもある。土の粒子だけでなく，密度によっても，しみ込み方は異なる。また，森は植物が生えている上に，落ち葉もあるので条件が違ってくる。

　この理由も，実は大切な気付きである。アスファルトはほとんどしみ込まなかったことを思い出させて，しっかりと認めていく。

　そのうえで，土の違いに目を向けるよう導いていく。

🌧 土にしっかりと触れる体験を用意する

> 今日は晴れていますが，水たまりが残っているところもあります。
> 水たまりが残っているところ，残っていないところ，土の様子を観察しに行きます。

　スコップを一人に一つ持たせる。そして，スコップで好きな場所の

207

土を集めさせる。

　水たまりがまだある地面は，どういった地面か。

　水たまりがない地面は，どういった地面か。

　スコップで土を集め，実際に手で触らせることが大切になる。また，その場所の土の密度，すなわち「やわらかさ」にも気付かせていきたい。

🌧 子供の仮説をもう一度確認する

> しみ込みにくい土，しみ込みやすい土があるとしたら，どんな土ですか。
> 予想してノートに書きましょう。

　ここでも，子供の「こだわり」が出てくるはずである。

　例えば，「砂場の砂」，「小石がたくさんある土」「畑のやわらかい土」「落ち葉が混じった土」，さまざまなものが出るだろう。

　「こだわり」をもって調べていくのは，理科ではとても大切な姿勢である。予想を書いた子をしっかりとほめたい。

第6〜7時

土の粒の大きさによる水のしみ込み方の違いを調べる

🌧 調べる方法を考えさせる

> いろいろな土を校庭から持ってきて調べます。
> どうやって調べたらよいですか。

　ここで，あえて実験方法を考えさせる。5年生になると，解決方法を発想する力を養う必要がある。今のうちに慣れさせておきたい。

　「土に水をかけて，しみ込む時間を調べる」という意見が出るはずである。「校庭に穴を空けて水を入れ，しみ込む時間を調べる」という意見も出るかもしれない。これもよい方法である。

　ここで実験用具を見せる。半分に切ったペットボトル（1L）のろ過装置と，ガーゼ，ストップウォッチ，じょうろである。土が下にこぼれないよう，ペットボトルの口はガーゼで蓋をしてある。「土はどれぐらいとればよいですか」「水はどれぐらい入れますか」などと，実験方法を確認していく。

> どの土がしみ込みにくそうですか。

　予想させたあとで，土を探しに行かせる。

　泥の多い土，砂利，砂，畑などの土を持ってこさせる。子供の「こだわり」に合わせて，自由に持ってこさせる。

🌧 土の置き方や水の入れ方にもこだわらせる

　実験の際，「条件統一」に自然と気付けるようにすることが大切になる。

　土をカチカチに固めてしまったものと，やわらかく置いたものとでは，条件が変わってしまう。容器に入れる土の量も同じにならないといけない。入れる水も同じでないといけない。さらに，水の入れ方も同じようにしないといけない。じょうろで雨のように注がせる。

　そういった「条件統一」に目を向けさせていく。

　コツは，あまり固めずに，そっと土や砂をペットボトルの中に入れることである。固めてしまうと，当然ながら，どれもしみ込まなくなるからである。

　ただし，子供はそれぞれ自分なり予想や仮説を確かめたいという「こだわり」がある。「固めてみてどうなるか？」など，ある程度自分で確かめたいことを実験する自由さをもたせておく。

　何度も実験で確かめると，土の粒の大きさによって，しみ込み方が違うことがわかるはずである。砂や砂利はしみ込みが速いのである。

> 今日の授業でわかったことを書きます。
> 土の○○が違うから，しみ込み方が違う。
> ○○に入る言葉を考えてみましょう。

　「土の粒の大きさが違う」という意見が出るだろう。本当に違うのか，手で土を触らせる。森の土や，畑の堆肥の多い土だと，細かな粒子が多いはずである。

　ここでも，「実感」で理解させることが大切だ。手で土をこするように触ると，粒子の違いがわかってくる。虫眼鏡で確かめさせてもよい。

　密度にこだわっている子がいたら，「土のやわらかさが違うから」という意見も出るだろう。災害を学ぶときに必要な知識である。これも認めていきたい。

XI
雨水の行方と地面の様子

できるだけ深い水たまりを探す

☔ 災害につながる現象を観察させておく

> 今日も雨が降っています。
> これまで学んだ知識を使って，できるだけ深い水たまりを探しにいきましょう。校庭のどこにありそうですか。

いろいろと予想させる。

学んだことの活用でもあり，発展課題の探究でもある。予想するのは，なかなか難しい。なにせ運動場だけでなく，校庭全部で考えるからである。「低い位置にある，水がしみ込みにくい場所」を探せばよい。

予想させ，定規を持たせて，班で探しに行かせる。できるだけ深い水たまりを探した班の勝ちとする。

この自然体験で，学んだ知識の確認ができる。しかも，次の時間の「災害の学習」に関する体験も積ませることができるのである。

例えば，ほとんどしみ込まない地面でも，傾斜があると雨水はほとんどたまっていない。しかし，その下流は水がたくさんたまっているのである。他にも，しみ込みやすい土で，しばらくは雨水を吸い込んでいても，やがて保水能力に限界がくる。すると，飽和状態になった水が下流に流れるのである。

このような災害につながる現象を観察させておきたい。

雨のあとの災害の様子から，洪水対策を考える

🌧 災害の原因から対策を考えさせる

> 川で釣りをしています。山頂では，雨が降っています。釣りをしている場所は晴れています。
> 川の水の量は，この後どうなるでしょうか。

晴れているのに川の水は増加する。その理由を考えさせる。

理由は，「遠くの雨水が，低い場所まで流れてきたから」となる。

> 街と，田舎で同じだけ雨が降りました。
> どちらの方が川の水はあふれやすいですか。

理由を考えさせる。街では，コンクリートやアスファルトで覆われたビルや土地が多いので，水がしみ込みにくく，どんどん流れていく。田舎は，森林や畑などがあるので，ある程度水をしみ込ませることができる。

最後に，大雨で水害が起きた写真や動画を見せる。時に水害は，その区域に降った「総降水量」よりも，「浸水の高さ」の方が高いときがある。これはなぜなのかを問う。つまり，他の地域から雨が流れて，「低い土地」に「水が集まった」のである。

災害の様子を見せることで，子供たちは，「低い土地に水が集まる」という意味を，実感をこめて理解することができる。

> 洪水が起きない町にするために，どんな対策をしておけばよいですか。

参考文献

「新版土をどう教えるか－現場で役立つ環境教育教材－上巻」　日本土壌肥料学会土壌教育委員会編　古今書院　2009

「新版土をどう教えるか－現場で役立つ環境教育教材－下巻」　日本土壌肥料学会土壌教育委員会編　古今書院　2009

「シリーズ・自然だいすき②土と石のじっけん室」　地学団体研究会『シリーズ・自然だいすき』　編集委員会編　大月書店　2004

XI

雨水の行方と地面の様子

あとがき

1年の理科授業を終え，子どもにアンケートをとった。

1年間の理科授業で，最も心に残ったことは何でしたか。

もちろん，おもしろ実験は数多くあげられた。
実験や観察に，子どもの心を引きつけるネタを用意することは極めて重要なことである。

その他にどんなことが，子どもの心に残っただろうか。
アンケートでは，次のような結果になった。

---

①自分で疑問を解決した勉強
②みんなで力を合わせて解決した勉強
③先生が驚いたり，ほめてくれたりした勉強

例えば，なかなか見つからなかった冬の生き物。
どこにいるのかをみんなで調べた。インターネットやビデオで調べると，木の中や，石のもっと下，地面の中にいることがわかった。
そして，再びみんなで探しに行った。資料に書いてあった通りの場所で，いくつもの生き物が見つかった。なんと，トノサマバッタの成虫まで見つけた。真冬の2月に，である。
みんなで協力して見つけたこと。
学習したことを生かせたこと。
そして，先生にたっぷりほめてもらえたこと。
このことが，とても心に残ったらしい。多くの子がアンケートに「楽しかった」「とても心に残った」と書いていた。

アンケートでは，次のことも尋ねた。

『どちらの授業が好きですか？

　　①「先生が実験のやり方を教えてくれる授業」

　　②「自由に実験方法を考えて調べる授業」』

結果は，次のようになった。

①先生が実験のやり方を教えてくれる授業	10人
②自由に実験方法を考えて調べる授業	11人
③どちらも好き	9人

　①と答えた子は，次のようなことを書いていた。

「先生が教えてくれる授業はわかりやすいから好き。」

「先生が言った実験も調べてみたいと思ったから。」

「お手本を見たほうが，やり方がよくわかるから。」

　②と答えた子は，次のように書いていた。

「自分の疑問を調べてわかると倍うれしい。達成感がある。」

「工夫したり，自分たちでするほうが楽しいし，いい経験になるから。」

「友だちと協力して実験を成功させたらうれしいから。」

「自分で工夫すると，勉強がわかるから。」

「疑問を納得するまで調べたいから。」

「自分たちでやると，いろいろなことが確かめられるから。」

　結果からわかるのは，子どもたちは，教師が教えてくれる授業を嫌だとは思っていないということだ。

　問題解決を子どもに任せる場合と，教師が教科書通り教える場合と，バランスよく１年間の授業を行っていくのがよいだろう。

　本書の実践をもとにして，さらによりよい実践を生み出されることを切に願っている。

2013 年 3 月　大前暁政

大前暁政（おおまえ　あきまさ）

1977年，岡山県に生まれる。岡山大学大学院教育学研究科（理科教育）修了後，公立小学校教諭を経て，2013年4月より京都文教大学准教授に就任。教員養成課程において，教育方法論や理科教育法などの教職科目を担当。「どの子も可能性をもっており，その可能性を引き出し伸ばすことが教師の仕事」と捉え，現場と連携し新しい教育を生み出す研究を行っている。文部科学省委託体力アッププロジェクト委員，教育委員会要請の理科教育課程編成委員などを歴任。理科の授業研究が認められ「ソニー子ども科学教育プログラム」に入賞。日本初等理科教育研究会，日本理科教育学会所属。

著　書　『理科の授業が楽しくなる本』（教育出版）
　　　　　『たいくつな理科授業から脱出する本―これだけは身につけたい理科の授業技術』（教育出版）
　　　　　『なぜクラス中がどんどん理科を好きになるのか―改訂・全部見せます小3理科授業』（教育出版）
　　　　　『なぜクラス中がどんどん理科に夢中になるのか―改訂・全部見せます小5理科授業』（教育出版）
　　　　　『なぜクラス中がどんどん理科を得意になるのか―改訂・全部見せます小6理科授業』（教育出版）
　　　　　『先生のためのセルフコーチング』（明治図書）
　　　　　『理科の授業がもっとうまくなる50の技』（明治図書）
　　　　　『子どもを自立へ導く学級経営ピラミッド』（明治図書）
　　　　　『実践アクティブ・ラーニングまるわかり講座』（小学館）
　　　　　『大前暁政の教師で成功する術』（小学館）
　　　　　『学級経営に活かす　教師のリーダーシップ入門』（金子書房）
　　　　　『勉強ができる！クラスの作り方』（東洋館出版社）
　　　　　『大前流教師道―夢をもちつづけることで教師は成長する』（学事出版）
　　　　　『若い教師がぶつかる「壁」を乗り越える指導法！』（学陽書房）

なぜクラス中がどんどん理科のとりこになるのか
改訂・全部見せます小4理科授業

2013年4月2日　初版第1刷発行
2020年3月22日　2版第1刷発行

　　　　　　　　著　者　大前暁政
　　　　　　　　発行者　伊東千尋
　　　　　　　　発行所　教育出版株式会社
　　　　　　　　〒101-0051　東京都千代田区神田神保町2-10
　　　　　　　　TEL 03-3238-6965　FAX 03-3238-6999
　　　　　　　　URL https://www.kyoiku-shuppan.co.jp

装丁・DTP　ユニット
印刷　モリモト印刷
製本　上島製本

ISBN978-4-316-80492-7 C3037